한국어 포인트 50

개정판

가와무라 미쓰마사

하쿠스이샤

─── 音声ダウンロード ───

音声マークのついた箇所の音声を白水社ホームページ（http://www.hakusuisha.co.jp/download/）からダウンロードすることができます（お問い合わせ先：text@hakusuisha.co.jp）。

音声ナレーション：金南昕、李泓馥

イラスト：ツダタバサ

はじめに

　きっとこの『韓国語ポイント50』を手に取る前から、皆さんも一度はどこかで韓国語を耳に
したことがあるかと思います。K-POP、韓国ドラマ、あるいは韓国映画。最近こうした韓国エ
ンターテインメントに触れる機会が本当に増えました。韓国は文化の発信国として近年ますま
す存在感を増しています。それにともない韓国語自体も私たちにとってどんどん身近な言葉と
なりつつあります。韓国文化にはまった人たちの中には、歌詞の意味をきちんと知りたいとか、
ドラマや映画を字幕無しでわかるようになりたいと思う人も大勢いるようです。このテキスト
ではそうした「実際に使える韓国語」をめざしてがんばる学習者の要望に応えられるよう、聞
き取り練習を充実させるなどいろいろと工夫をしました。

　でもまず韓国語の学習は、ハングルと呼ばれる文字を覚えるところから始まります。文字は
いいから早く話せるようになりたいと思う人もいるかもしれませんが、文字が読み書きできる
ようになれば、韓国との距離がぐっと縮まります。韓国人の名前も、カタカナではなくハング
ルなら正確に発音がわかります。歌詞カードを見て歌うことができるようにもなります。旅行
に行っても駅名や看板やメニューが読めれば行動範囲が広がります。新しい文字を覚えるのは
アルファベットを覚えた小中学生以来かもしれませんが、その頃の新鮮な気持ちを思い出して
楽しく取り組んでもらえたらと思います。

　8課から文法を紹介していきますが、韓国語は日本語と語順が同じで文法もよく似ています。
そのおかげで、他の外国語と比べても学びやすい言語だと言えます。文法を知るだけでなく本
当に話せる・聞き取れるようになりたいと思う人は、ぜひ繰り返し音声を聞き、声に出して発
音してみることをお勧めします。同じ事を繰り返す地道な作業なのですが、語学学習にとって
はまさに「継続は力なり」です。

　この『韓国語ポイント50』の中のスキットに出てくる主人公「真希」は、現地で韓国語を学
ぼうと韓国へ語学留学します。戸惑うことが多い留学生活なのですが、同じ大学で出会った「ミ
ンジュン」の助けを借りながら前向きにがんばるようすがスキットからわかると思います。み
なさんもいつか真希のように、さらなる語学探求の旅へと出かけることになるかもしれません。
このテキストが、みなさんの韓国語への関心をさらにかきたて、そんな語学探求の長い旅立ち
の出発点となってくれることを願っています。

河村光雅

目　　次

第 **1** 課

母音 1

🔊 002

会話

ソン セン ニム　アンニョン ハ シム ニ カ
선생님, 안녕하십니까?　　　先生、こんにちは。

ネー　　アンニョン ハ セ ヨ
네, 안녕하세요?　　　はい、こんにちは。

アンニョン ハ シム ニ カ　　　アンニョン ハ セ ヨ
안녕하십니까?／안녕하세요? は、「こんにちは」に当たるあいさつのことばです。もともとは「お元気ですか（直訳：安寧ですか）」という意味なので、時間帯に関係なく「おはようございます」や「こんばんは」としても使えます。また、本来が「お元気ですか」と
ネー
いう質問であることから、네「はい」をつけてあいさつに応えることもあります。
アンニョン ハ シム ニ カ　　　　アンニョン ハ セ ヨ　　　　　　　　　　　　　　　　　アンニョン ハ シム ニ
안녕하십니까? と안녕하세요? は文体が違うだけで意味は同じなのですが、안녕하십니
カ　　　アンニョン ハ セ ヨ
까? の方が 안녕하세요? よりかしこまった感じがします。

ハングルのしくみ

　韓国語は「ハングル」という独自の文字を用いて表記します。韓国語の学習はまずこのハングルを覚えることから始まりますが、その前に少しだけハングルがどういうしくみの文字なのかについて知っておきましょう。

　ハングルは、1文字の中に子音を表す部分と母音を表す部分から成り立っています。

「サ」	「ソ」
/s/◄┈┈► 사 ┈┈► /a/	소 ┈┈► /s/ ┈┈► /o/
ㅅ/s/＋ㅏ/a/＝사/sa/	ㅅ/s/＋ㅗ/o/＝소/so/

　母音がㅏのように縦長の形をしているときは、子音＋母音を左右に並べます。逆に、母音がㅗのように横長の形をしているときは、子音＋母音を上下に並べます。

母音1

　ハングルの学習の第一歩目は、母音行からです。ハングルの1文字は子音＋母音（＋子音）で構成されているのですが、母音だけの文字の場合は子音を置くはずのところに音を持たない「ㅇ」を置きます。

　母音行は10文字ありますが、日本語のア行とヤ行が混ざったような行です。

🔊 003

文字	発音	口の形
아	日本語の「あ」と同じ	
야	日本語の「や」と同じ	
어	口を開き気味にして「お」	
여	口を開き気味にして「よ」	
오	唇を丸めて「お」	
요	唇を丸めて「よ」	
우	唇を丸めて「う」	
유	唇を丸めて「ゆ」	
으	「い」の口をして「う」	
이	日本語の「い」と同じ	

＊発音しながら母音行を書いてみましょう。

아	야	어	여	오	요	우	유	으	이

　母音行につく「ㅇ」が字体によっては○の上に点が突き出ていることがありますが、手書きするときにそれをまねて点を書き加える必要はありません。単なる丸でOKです。

この点は
書かなくていい！　　아

練習1　次の文字と音声が、合っていたら○を、違っていたら正しい文字を書きましょう。

◀ 004

① 어	② 우	③ 이	④ 아	⑤ 으	⑥ 요	⑦ 유	⑧ 여

練習2　音声を聞いて、次の単語をハングルで書き取りましょう。

◀ 005

① おい、ちょっと ☐　　　② 子ども ☐☐

③ ああ、うん ☐　　　④ きゅうり ☐☐

⑤ キツネ ☐☐　　　⑥ 牛乳 ☐☐

練習3 発音された３つの母音が正しい順序で並んでいるものをa，b，c，dの中から選び
ましょう。　　　　　　　　　　　　　　　　　　　　　　　🔈006

① a) 아 우 으　　b) 아 오 우　　c) 아 우 우　　d) 아 오 으

② a) 어 으 오　　b) 어 우 오　　c) 오 으 어　　d) 오 우 어

③ a) 어 으 아　　b) 아 우 어　　c) 어 으 어　　d) 어 우 아

④ a) 야 유 요　　b) 여 유 요　　c) 야 유 여　　d) 요 유 여

⑤ a) 여 요 야　　b) 여 여 야　　c) 요 여 야　　d) 요 요 야

練習4 音声を聞いてスタートからゴールまで文字をたどっていきましょう。　　🔈007

スタート					
아	오	어	요	으	이
어	이	으	아	어	야
유	으	오	여	요	유
요	아	우	유	어	으
이	야	어	으	오	우
우	여	오	요	야	이

ゴール

練習5 もう一度やってみましょう。今度は違うコースをたどります。　　🔈008

제 **2** 과

子音1（平音1）

🔊 009

会話

アンニョン ヒ カ セ ヨ
안녕히 가세요.

アンニョン ヒ ケ セ ヨ
안녕히 계세요.

さようなら。
（どこかに去る人に向かって）

さようなら。
（その場にとどまる人に向かって）

アンニョン ヒ カ セ ヨ
안녕히 가세요は「お元気でいってらっしゃい」という意味で、どこかに去ろうとする人
アンニョン ヒ ケ セ ヨ
に向かって言います。その場にとどまる人に向かっては안녕히 계세요「元気でいてくだ
さい」というフレーズを使います。人と別れるときのあいさつとしては他に、仕事中の人
スゴ ハ セ ヨ
に向かって言う수고하세요「ご苦労様です」、仕事終わりのあいさつ수고하셨습니다「お
スゴ ハ ショッスム ニ ダ
疲れ様でした」などがあります。

平音1

　2課では4つの子音字を学びます。1課で習った母音行の「ㅇ」を子音字に置き換えるとそ
れぞれの行ができます。下の表の空欄に「な～さ行」を発音しながら書いてみましょう。

ㄴ n　**な行**

🔊 010

나	냐	너	녀	노	뇨	누	뉴	느	니

ㄹ r　**ら行**

라	랴	러	려	로	료	루	류	르	리

10（십）

ㅁ m ま行

마	야	머	며	모	묘	무	뮤	므	미

ㅅ s さ行

사	샤	서	셔	소	쇼	수	슈	스	시

練習1 次の地名・人名をハングルで書いてみましょう（オ段はㅗ、ウ段はㅜで表記します。ただし「す」は수ではなくスと表記します）。

① 奈良（なら）⬚⬚　　② 青森（あおもり）⬚⬚⬚⬚

③ 信濃（しなの）⬚⬚⬚　　④ 丸井（まるい）⬚⬚⬚

⑤ 磯野（いその）⬚⬚⬚　　⑥ 二ノ宮（にのみや）⬚⬚⬚⬚

⑦ 浦安（うらやす）⬚⬚⬚⬚　　⑧ 三好（みよし）⬚⬚⬚

練習2 次の文字と音声が、合っていたら○を、違っていたら正しい文字を書きましょう。

🔊 011

① 모	② 르	③ 너	④ 누	⑤ 리	⑥ 소	⑦ 수	⑧ 묘

練習3 音声を聞いて、次の単語をハングルで書き取りましょう。　　　🔊 012

① 年齢　　☐☐　　　　　　② どの　　☐☐

③ いいえ　☐☐☐　　　　　④ 国　　　☐☐

⑤ 料理　　☐☐　　　　　　⑥ すごく　☐☐

⑦ 頭　　　☐☐　　　　　　⑧ お母さん　☐☐☐

⑨ 微笑み　☐☐　　　　　　⑩ ニュース　☐☐

練習4 音声を聞いてスタートからゴールまで文字をたどっていきましょう。　🔊 013

スタート					
나	로	마	수	뇨	랴
러	머	스	녀	려	며
묘	수	니	류	묘	노
쇼	누	료	뮤	녀	사
느	려	묘	녀	서	수
류	수	나	소	스	리

ゴール

子音２（平音２）、有声音化

014

会話

アル ゲッ スム ニ カ
알겠습니까? わかりましたか。

ネー アル ゲッ スム ニ ダ
네, 알겠습니다. はい、わかりました。

アル ゲッ スム ニ カ
알겠습니까? わかりましたか。

ア ニ ヨ モ ル ゲッ スム ニ ダ
아니요, 모르겠습니다. いいえ、わかりません。

平音２

また新しい子音字を４つ学びます。この課で出てくるㄱ、ㄷ、ㅂ、ㅈの４つの子音は、単語の頭にあるときはそれぞれ /k/, /t/, /p/, /ch/ と発音されますが、後ろに来ると**有声音化**して /g/, /d/, /b/, /j/ という音になります。これらの子音が語頭にあるときも、少し有声音気味に息が強く出ないよう発音します。下の表の空欄に「か〜ちゃ行」を発音しながら書いてみましょう。

ㄱ k/g か行 015

가	갸	거	겨	고	교	구	규	그	기

ㄷ　t/d　た行

다	댜	더	뎌	도	됴	두	듀	드	디

ㅂ　p/b　ぱ行

바	뱌	버	벼	보	뵤	부	뷰	브	비

ㅈ　ch/j　ちゃ行

자	쟈	저	져	조	죠	주	쥬	즈	지

❶ちゃ行の子音字「ㅈ」は、字体によって「一」の下に「人」を書いたように見えますが、カタカナの「ス」と同じ書き方をします。

❷자と쟈は同じ発音です。同様に、저と져、조と죠、주と쥬も同じ発音です。

練習1　うまく日本語の音と合っているハングル表記に○をつけましょう。

① 田中　다나가　（　　）　　② 鈴木　스스기　（　　）

③ 山田　야마다　（　　）　　④ 田島　다디마　（　　）

⑤ 小林　고바야시　（　　）　　⑥ 中島　나가시마　（　　）

練習2 音声を聞いて次の文字のつづりを直しましょう。　　　🔊016

① 가시 → ＿＿＿＿＿　（なす）　② 디도 → ＿＿＿＿＿　（地図）

③ 가주 → ＿＿＿＿＿　（歌手）　④ 가라 → ＿＿＿＿＿　（国）

⑤ 두로 → ＿＿＿＿＿　（主に）

練習3 次の地名をハングルで書いてみましょう（オ段はㅗ、ウ段はㅜで表記します。ただし「す」は수ではなく스と表記します）。

① 長野　□□□　　② 富山　□□□

③ 宮城　□□□　　④ 千葉　□□

⑤ 名古屋　□□□　　⑥ 鹿児島　□□□□

⑦ 門司　□□　　⑧ 渋谷　□□□

練習4 音声を聞いて、次の単語をハングルで書き取りましょう。　　　🔊017

① 肉　□□　　② 誰　□□

③ どこ　□□　　④ 私も　□□

⑤ 海　□□　　⑥ バス　□□

⑦ 豆腐　□□　　⑧ とても　□□

⑨ 行こう　□□　　⑩ お父さん　□□□

パッチム

🔊 018

 会話

ミ ア ネ ヨ
미안해요.　　　　すみません。

クェン チャ ナ ヨ
괜찮아요.　　　　かまいませんよ。

チェ ソン ハム ニ ダ
죄송합니다.　　　申し訳ありません。

チョ シ マ セ ヨ
조심하세요.　　　気をつけてください。

パッチム

　ハングルは、子音＋母音＋子音で1文字を構成することもありますが、その場合最後の子音は子音＋母音の下に書きます。この最後の子音のことを韓国語の文法では**パッチム**と呼びます。下の例では、子音＋母音の下に置かれたㄴがパッチムです。

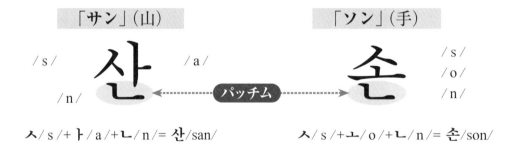

「サン」（山）　　　　　　　　　　　　「ソン」（手）

/ s /　산　/ a /　　　　　　　　　　　손　/ s / / o / / n /

/ n /　←‥‥‥ パッチム ‥‥‥→

ㅅ / s / ＋ ㅏ / a / ＋ ㄴ / n / = 산 /san/　　　ㅅ / s / ＋ ㅗ / o / ＋ ㄴ / n / = 손 /son/

16（십육）

（1） ㄹパッチム

ㄹ /-l/

舌を上あごにつけたまま ㄹ を発音します。

練習1 ㄹパッチムに注意して次の単語を読みましょう。　🔊 019

① 서울　　② 갈비　　③ 나물　　④ 불고기

（2）「ん」の仲間　ㅇ，ㅁ，ㄴパッチム

ㅇはこれまで何の音も表さない母音行の印として用いてきましたが、パッチムとして用いるとㅇは/ng/の音を表します（/ング/と/グ/の音をはっきり発音しないように。鼻に抜ける/ン/＝/ŋ/の音です）。

練習2 次の単語を読んでみましょう。　🔊 020

① 김　　　② 부산　　　③ 명동　　　④ 인사동

練習3 a，b，cを順に読んだ後に、その中の1つだけもう一度発音します。最後に発音されたものを選びましょう。　🔊 021

① 　a）강　　　b）감　　　c）간　　　（　　）
② 　a）정　　　b）점　　　c）전　　　（　　）
③ 　a）송　　　b）솜　　　c）손　　　（　　）
④ 　a）강사　　b）감사　　c）간사　　（　　）
⑤ 　a）안정　　b）안전　　c）앙전　　（　　）

（3）「っ」の仲間　　ㄱ，ㅂ，ㄷ パッチム

ㄱ　　　ㅂ　　　ㄷ（ㅅ，ㅈ）
/-k/　　　　　　　　/-p/　　　　　　　/-t/

❶「ク」「プ」「トゥ」と言いかけて止めると、それぞれㄱ，ㄷ，ㅂ パッチムの発音になります。

❷ ㅅ，ㅈ パッチムは、ㄷ パッチムと同じ発音になります。

❸「っ」パッチムのすぐ後ろに来たㄱ，ㄷ，ㅂ，ㅈ は濁らせずに発音します（⇨参照　巻末「濃音化」）。

練習4 パッチムに注意して次の単語を読んでみましょう。　　　　🔊 022

① 국밥　　　　② 삼겹살　　　　③ 로봇　　　　④ 막걸리

練習5 a，b，c を順に読んだ後に、その中の1つだけもう一度発音します。最後に発音されたものを選びましょう。　　　　🔊 023

① a）식　　　　b）십　　　　c）싯　　　　（　　　）

② a）국　　　　b）굽　　　　c）굿　　　　（　　　）

③ a）옥　　　　b）옵　　　　c）옷　　　　（　　　）

④ a）익다　　　b）입다　　　c）잇다　　　（　　　）

⑤ a）박다　　　b）밥다　　　c）받다　　　（　　　）

練習6 音声を聞いて、次の単語をハングルで書き取りましょう。
＊/-t/ の音は、ㅅ パッチムで表記しましょう。　　　　🔊 024

① 水　□　　　　② 山　□　　　　③ 部屋　□

④ 男の人　□□　　⑤ 日本　□□　　⑥ ご飯　□

⑦ 味　□　　　　⑧ 食事　□□　　⑨ 家　□

⑩ アメリカ　□□

子音3（激音）

会話

<ruby>괜<rt>クェン</rt></ruby><ruby>찮<rt>チャ</rt></ruby><ruby>아<rt>ナ</rt></ruby><ruby>요<rt>ヨ</rt></ruby>?
クェンチャ ナ ヨ
괜찮아요?

だいじょうぶですか。

ネー クェンチャ ナ ヨ コ マ ウォ ヨ
네, 괜찮아요. 고마워요.

はい、だいじょうぶです。
ありがとう。

クェンチャ ナ ヨ
괜찮아요?

かまいませんか。

ア ニ ヨ アン ドェ ヨ
아니요, 안 돼요.

いいえ、だめです。

「ありがとう」には、もう少しフォーマルな感사합니다 というフレーズもあります。

激音

3課で習った子音「ㄱ，ㄷ，ㅂ，ㅈ」は、息が強く出ないよう発音すると説明しました。この課で習う新しい「カ行、タ行、パ行、チャ行」の子音は逆に激しく息を出しながら発音する音で、語頭はもちろん語中にあっても有声音に聞こえることはありません。これら4つにハ行を表す子音を加えた5つの子音を**激音**と言います（それに対して2課と3課で習った子音は、普通の音という意味の**平音**と呼ばれます）。下の表の空欄に激音の行を書いてみましょう。

ㅊ ch チャ行　　　　　　　　　　◀ 026

차	챠	처	쳐	초	쵸	추	츄	츠	치

ㅋ　kh　カ行

카	캬	커	켜	코	쿄	쿠	큐	크	키

ㅌ　th　タ行

타	탸	터	텨	토	툐	투	튜	트	티

ㅍ　ph　パ行

파	퍄	퍼	펴	포	표	푸	퓨	프	피

ㅎ　h　ハ行

하	햐	허	혀	호	효	후	휴	흐	히

練習1 次の単語を読んで意味を考えてみましょう。すべて食べ物関連の外来語です。

① 치즈 （　　　　　　）　② 카푸치노 （　　　　　　）

③ 커피 （　　　　　　）　④ 초콜릿 （　　　　　　）

⑤ 콜라 （　　　　　　）　⑥ 아이스크림 （　　　　　　）

⑦ 토스트 （　　　　　）　⑧ 요구르트 （　　　　　　）

練習2 a，bの両方を読んだ後に、もう一度どちらかを発音します。最後に発音されたのがどちらなのか選びましょう。　🔊 027

① 　a）기가（気が）　　　　b）키가（背が）　　　　　　（　　　　）

② 　a）비가（雨が）　　　　b）피가（血が）　　　　　　（　　　　）

③ 　a）보도가（報道が）　　b）포도가（ブドウが）　　　（　　　　）

④ 　a）자요（寝ます）　　　b）차요（蹴ります）　　　　（　　　　）

⑤ 　a）다요?（全部ですか）　b）타요?（乗りますか）　　（　　　　）

日本の地名をハングル表記

　大勢の外国人観光客が来る日本の古都京都には、ハングルを併記した住居表示板があちこちあります。日本の地名がどんなふうにハングル表記されるのか見てみましょう。

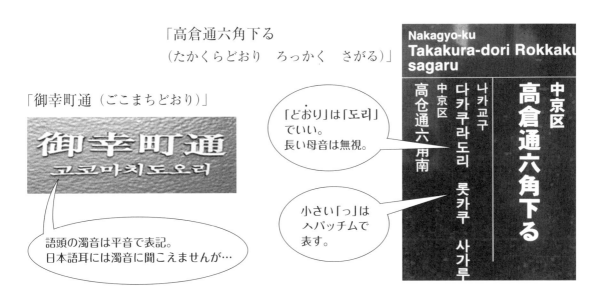

「高倉通六角下る
　（たかくらどおり　ろっかく　さがる）」

「御幸町通（ごこまちどおり）」

「どおり」は「도리」でいい。
長い母音は無視。

小さい「っ」はㅅパッチムで表す。

語頭の濁音は平音で表記。
日本語耳には濁音に聞こえませんが…

練習3 ハングルを頼りに日本の難読地名を読んでみましょう。

① 化野　　아다시노　　　　② 御陵　　미사사기

③ 先斗町　본토초　　　　　④ 太秦　　우즈마사

⑤ 糾の森　다다스노모리　　⑥ 雲母坂　기라라자카

⑦ 外畑　　도노하타　　　　⑧ 双が丘　나라비가오카

練習4 次の地名をハングルで書いてみましょう。

① 栃木　　　　　　　　　　② 横浜

③ 京都　　　　　　　　　　④ 札幌

⑤ 静岡　　　　　　　　　　⑥ 岐阜

練習5 音声を聞いて、次の単語をハングルで書き取りましょう。　　◀ **028**

① 唐辛子　　　　　　　　　② キムチ

③ 鼻　　　　　　　　　　　④ カード

⑤ 土曜日　　　　　　　　　⑥ チーム

⑦ パーティー　　　　　　　⑧ コンピュータ

⑨ 午後　　　　　　　　　　⑩ ハングル

제 **6** 과

子音４（濃音）

🔊 029

会話

オ　ッテ　ヨ
어때요?　　　どうですか。

ネー　チョア　ヨ
네, 좋아요.　　ええ、いいですね。

オ　ッテ　ヨ
어때요?　　　どうですか。

マ シッ ソ ヨ
맛있어요.　　おいしいです。

좋아요には「好きです」の意味もあります。

濃音

　この課で紹介するのは、**濃音**と呼ばれる子音です。その発音は、①喉を締め付けて、②頭に小さい「っ」を言うつもりで、③息を漏らさないようにして発音します。独特な音の子音なので、できるまで根気よく練習しましょう。濃音は平音を左右に並べた文字で表します。下の表の空欄に濃音の行を書いてみましょう。

ㄲ　kk　っか行

🔊 030

까	꺄	꺼	껴	꼬	꾜	꾸	뀨	끄	끼

ㄸ　tt　った行

따	땨	떠	뗘	또	뚀	뚜	뜌	뜨	띠

23 (이십삼)

ㅃ pp っぱ行

빠	뺘	뻐	뼈	뽀	뾰	뿌	쀼	쁘	삐

ㅆ ss っさ行

싸	쌰	써	쎠	쏘	쑈	쑤	쓔	쓰	씨

ㅉ cch っちゃ行

짜	쨔	쩌	쪄	쪼	쬬	쭈	쮸	쯔	찌

練習1 音声を聞きながら発音しましょう。　　　　　　　　　🔊 031

① a) 아가　　　b) 아카　　　c) 아까

② a) 아자　　　b) 아차　　　c) 아짜

③ a) 아다　　　b) 아타　　　c) 아따

④ a) 아바　　　b) 아파　　　c) 아빠

⑤ a) 아사　　　b) 아싸

練習2 音声がどれなのか、練習1を見ながらa，b，cで答えましょう。　🔊 032

①（　　）　　②（　　）　　③（　　）　　④（　　）　　⑤（　　）

練習3 音声を聞きながら発音しましょう。　　　　　　　　　　　🔊 033

① a）가　　　b）카　　　c）까　　　② a）자　　　b）차　　　c）짜

③ a）도　　　b）토　　　c）또　　　④ a）비　　　b）피　　　c）삐

⑤ a）사　　　b）싸

練習4 音声がどれなのか、練習3を見ながらa，b，cで答えましょう。　🔊 034

① （　　　）　　② （　　　）　　③ （　　　）　　④ （　　　）　　⑤ （　　　）

練習5 a，bの両方を読んだ後に、もう一度どちらかを発音します。最後に発音されたのが
どちらなのか選びましょう。　　　　　　　　　　　　　　🔊 035

①　　a）가요 (行きます)　　　b）까요 (剝きます)　　　　　　　　（　　　）

②　　a）사요 (買います)　　　b）싸요 (安いです)　　　　　　　　（　　　）

③　　a）자요 (寝ます)　　　　b）짜요 (塩辛いです)　　　　　　　（　　　）

④　　a）커요 (大きいです)　　b）꺼요 (消します)　　　　　　　　（　　　）

⑤　　a）타요 (乗ります)　　　b）따요 (取ります)　　　　　　　　（　　　）

練習6 音声を聞いて、次の単語をハングルで書き取りましょう。　　🔊 036

① （妹から見た）
　お兄さん　　□□　　　　　　② ほんとに　　□□

③ また　　□　　　　　　　　　④ キス　　□□

⑤ やった！　□□ ！　　　　　⑥ （値段が）高いです　　□□□

⑦ おじさん　□□　　　　　　　⑧ 何度も　　□□

⑨ 速く　　□□　　　　　　　　⑩ ジャージャー麺　　□□□

母音2

会話

マ キ シ
마키 씨
ウェ ヨ
왜요?

真希さん！

何ですか。

マ キ シ
마키 씨?
ネー マ ジャ ヨ
네, 맞아요.

真希さん？

はい、そうです。

❶ 왜요? は「どうしてですか」という意味ですが、急に呼ばれて「何？」返事するとき等はこのフレーズを使います。「何？」の直訳뭐? だと、怒っているように聞こえます。

❷ 友だち同士ではふつう下の名前を呼び捨てにしますが、呼びかけの際には、下の名前に −야/아の語尾をつけます。−야は母音終わりの名前に、−아は子音終わりの名前につける呼びかけの語尾です（例：마키 ⇨ 마키야！，민준 ⇨ 민준아！）。

母音2

韓国語には、1課で習った母音以外に、それらの母音を組み合わせた母音があります。

（1）「エ」と「イェ」

「エ」の音は組み合わせ母音で表しますが、ㅏ＋ㅣのㅐとㅓ＋ㅣのㅔのふたつの文字があります。それぞれの文字の短い線を2本にしてㅒ、ㅖにすると、「イェ」を表す文字になります。下の表にそれぞれの文字を書いてみましょう。（2つの「エ」「イェ」の使いわけは巻末Ⅳ「母音2について」を参照）

ㅐ エ　　（短い線を2本にすると）　⇨　　ㅒ イェ

ㅔ エ　　（短い線を2本にすると）　⇨　　ㅖ イェ

（2）「ワ」の仲間

　2つの母音を組み合わせ、それらを滑らかにつないで発音するのがこの「ワ」の仲間です。ᅱとᅴはカナで書くと同じ「ウィ」になってしまいますが、ㅜと一の音の違いがそれぞれの「ウィ」に反映されます。下の表にそれぞれの文字を書いてみましょう。

ᅪ　ワ　　（ㅗ＋ㅏ）

ᅯ　ウォ　（ㅜ＋ㅓ）　最後はㅓの音で終わる

ᅱ　ウィ　（ㅜ＋ㅣ）　唇を丸める形にして「ウィ」

ᅴ　ウィ　（一＋ㅣ）　「イ」の口のまま「ウィ」
　　　　　　　　　（ᅴのくわしい発音のしかたについては巻末Ⅳ「母音2について」を参照）

❶子音＋ᅱは귀「キュイ」、쉬「シュイ」、휘「ヒュイ」というように「ュ」が入る感じで発音します。

❷「ワ」をハングルで書こうとして「우ㅏ」と書いてしまう人がいますが、こんな文字は存在しません。母音字の中の短い線が二つとも外側あるいは内側を向いていたら、その文字はハングル文字の中に存在しない文字だと考えてください。

（3）「ウェ」の仲間

　「ウェ」の音を表す文字は3つあります。それぞれ少しずつ音が違う「ウェ」なのですが、すべて日本語の「ウェ」で発音しても通じます。（3つの「ワ」の使い分けについては巻末Ⅳ「母音2について」を参照)

ㅙ　ウェ　（ㅗ＋ㅐ）「ウェ」の出だしはㅗの音で始める

ㅚ　ウェ　（ㅗ＋ㅣ）ㅗの口のまま唇を丸めて「ウェ」

ㅞ　ウェ　（ㅜ＋ㅔ）「ウェ」の出だしはㅜの音で始める

🔊 040

왜		외		웨	

練習1 次の文字と音声が、合っていたら○を、違っていたら正しい文字を書きましょう。

🔊 041

① 웨	② 의	③ 왜	④ 외	⑤ 애	⑥ 위	⑦ 와	⑧ 에	⑨ 와	⑩ 외

練習2 次のハングルを読んで意味を推測してみましょう。すべてカタカナで書く外来語です。また、英語のfの音は韓国では激音のㅍで表します。

① 퀴즈　　　② 웹사이트　　　③ 뷔페

④ 셰이빙크림　　　⑤ 뉘앙스　　　⑥ 와플

⑦ 원피스

練習3 音声を聞いて、次の単語をハングルで書き取りましょう。「ウェ」の音は괴で表記してください。

🔊 **042**

① ウォン ☐

② 耳 ☐

③ 毎日 ☐☐

④ 医者 ☐☐

⑤ 会社 ☐☐

⑥ セット ☐☐

⑦ お菓子 ☐☐

⑧ はい ☐

⑨ 何 ☐

⑩ はさみ ☐☐

練習4 音声を聞いてスタートからゴールまで文字をたどっていきましょう。

🔊 **043**

スタート					
쉬	화	괴	뫼	와	쥐
훠	개	뭐	의	즤	레
게	꽤	위	쥐	래	혜
뮈	워	제	뢰	희	괴
왜	재	뢔	휘	개	셰
재	뭬	훠	그	새	위

ゴール

音の法則　連音化と鼻音化

連音化

　　パッチムの直後に母音が来ると、パッチムの子音と次の母音をつないで発音します。これを**連音化**と呼ぶのですが、パッチムの子音を後ろの○の位置に移動させて読むつもりで発音するといいでしょう。下の例산이「山が」は사니と同じ発音をします。

$$산\ 이 \qquad \text{san} + \text{i} \;\Rightarrow\; / \text{sa} \cdot \text{ni} /$$

　　ただし、ㅎパッチムは連音化するとㅎの音が消えます（例：좋아요「良いです」の発音は[조아요]）。

練習1　（　　　）이에요.「〜です」のパターンで文が流れます。□の中に入る単語を聞き取って書きましょう。　🔊 044

① □이에요.　　　　足です。

② □이에요.　　　　口です。

③ □□이에요.　　　胸です。

④ □이에요.　　　　目です。

⑤ □이에요.　　　　首です。

練習2　音声を聞き、例にならって二通りのつづりで書きましょう。　🔊 045

例　あっちへ　저리　/　寺が　절이

① 脚　＿＿＿／月が＿＿＿　　　　② ここ　＿＿＿／駅が＿＿＿

③ 〜匹　＿＿＿／言葉が＿＿＿　　④ 牛は　＿＿＿／手は＿＿＿

⑤ 夜勤　＿＿＿／薬は＿＿＿　　　⑥ にんにく　＿＿＿／〜だけを＿＿＿

練習3　区別して発音してみましょう。　🔊 046

① 　a) 공기　　b) 곡이　　c) 곤이　　d) 공이

② 　a) 만기　　b) 막이　　c) 만이　　d) 망이

③ 　a) 선기　　b) 석이　　c) 선이　　d) 성이

練習4 発音されたものに丸をつけましょう。

① 　a）전기　　　b）적이　　　c）전이　　　d）정이

② 　a）용기　　　b）욕이　　　c）욘이　　　d）용이

③ 　a）단기　　　b）닥이　　　c）단이　　　d）당이

鼻音化

　ㄱ，ㅂ，ㄷパッチムの仲間は、すぐ後ろに鼻音ㄴ，ㅁが来ると、その影響でそれぞれㅇ，ㅁ，ㄴの鼻音に変化します。もとのパッチムの口の構えを変えずに「ン」と発音すれば、ㅇ，ㅁ，ㄴパッチムのどれに変化するかを間違えずに済みます。

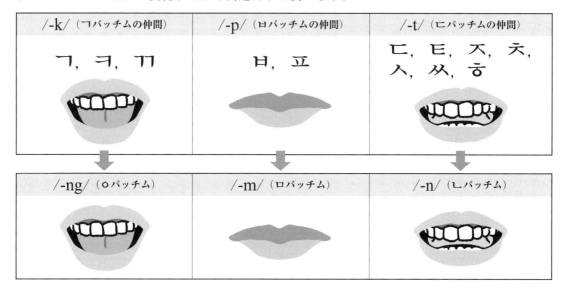

練習5 発音してみましょう。[　]内は鼻音化した後の発音をハングルで表したものです。

① 먹는 [멍는]　　② 적는 [정는]　　③ 깎는 [깡는]　　

④ 입는 [임는]　　⑤ 굽는 [굼는]　　⑥ 갚는 [감는]

⑦ 받는 [반는]　　⑧ 짓는 [진는]　　⑨ 잊는 [인는]

練習6 ㅂパッチムの鼻音化に注意しながら発音してみましょう。　

① 합니다. （します、言います）　　② 안녕하십니까? （こんにちは）

③ 감사합니다. （ありがとうございます）　　④ 고맙습니다. （ありがとうございます）

⑤ 반갑습니다. （会えてうれしいです）

私は佐藤真希といいます

🔊 050

마키 : 안녕하세요?

저는 사토 마키라고 합니다.

민준 : 만나서 반갑습니다.

김 민준이라고 합니다.

마키 씨는 여기 학생입니까?

마키 : 네, 일본 유학생입니다.

민준 : 아, 그래요. 저도 여기 학생입니다.

앞으로 잘 부탁합니다.

真希 : こんにちは。
私は佐藤真希と言います。
ミンジュン : お会いできてうれしいです。
キム・ミンジュンと言います。
真希さんはここの学生ですか。
真希 : はい、日本の留学生です。
ミンジュン : ああ、そうですか。私もここの学生です。
これからよろしくお願いします。

□저 私　　□-는/은 ～は
□-(이)라고 합니다 ～と言います（子音終わりの名詞を用いるときには이を入れる）
□만나서 반갑습니다 会えてうれしいです
□여기 ここ(の)　　　　□학생 学生　　　　□일본 日本　　　　□유학생 留学生
□그래요 そうですか　　□도 ～も　　　　□앞으로 これから
□잘 よろしく　　　　　□부탁합니다 お願いします

point 1　　-입니다 （名詞）です

❶-입니다は日本語の「～です」の意味です。ただし、-입니다の前に来るのは必ず名詞です。つまり、「学生です」の「です」は-입니다ですが、「大きいです」の「です」に-입니다は使えません。

❷疑問文「ですか」は末尾の-다を-까?に変えて、-입니까?と言います。

練習1 下線部の「です」を、-입니다で表せるものには○、表せないものには×をつけましょう。

① おいしいです （　　　）　　② 友だちです （　　　）　　③ 簡単です （　　　）

④ ここです （　　　）　　⑤ 予定です （　　　）　　⑥ きれいです （　　　）

point 2　　-는/은　～は
母音終わりの名詞+는 ／ 子音終わりの名詞+은

❶-는/은は日本語の「～は」に当たる助詞です。母音終わりの名詞（最後にパッチムが無い名詞）には는、子音終わりの名詞（最後にパッチムがある名詞）には은と、2つの形を使い分けます。

❷疑問文（特に疑問詞の入った文）では-는/은「～は」の代わりに-가/이「～が」がよく用いられます。

練習2 例にならって「〜は〜です」という文を作りましょう。

例 저 (私) / 학생 (学生) → <u>저는 학생입니다.</u>

① 그 선생님 (その先生) / 일본 사람 (日本人) → _____

② 저 사람 (あの人) / 제 친구 (私の友だち) → _____

③ 여기 (ここ) / 학교 (学校) → _____

④ 화장실 (トイレ) / 거기 (そこ) → _____

⑤ 저기 (あそこ) / 시장 (市場) → _____

⑥ 저것 (あれ) / 제 것 (私の物) → _____

point 3 指示詞「こそあ」

こ	そ	あ
이	**그**	**저**

「こんな：**이런**、そんな：**그런**、あんな：**저런**」「こっち：**이쪽**、そっち：**그쪽**、
あっち：**저쪽**」というふうに、日本語指示詞の頭の音「こ、そ、あ」は韓国語指示
詞の頭の音「이, 그, 저」にそれぞれ対応しています。

練習3 練習2を参考にして、次の表を完成させましょう。

こ〜	この (이)	これ (이것)	ここ ( )
そ〜	その ( )	それ ( )	そこ ( )
あ〜	あの ( )	あれ ( )	あそこ ( )

「これ」「それ」「あれ」の2文字目はすべて「것」となっていますが、上の練習2の⑥から
わかるように「것＝物」の意味です。つまり韓国語では「이　この」＋「것　物」→「이
것　これ」となっています。

「저기(요) あそこ」は、「あのう」とか「すみません」といった呼びかけの表現としても
よく使われます（－요 は丁寧の語尾）。
また、「여기(요) ここ」も飲食店で自分の席に店員さんを
呼ぶときなどに使われます。

저기요!
あのう、すみません

네.
はい

練習 4 音声を聞いて、（　　）の中を埋めましょう。　　　　🔊 051

□저 私　　　　　□일본 사람 日本人　　　□학생 学生　　　□제 私の
□친구 友だち　　　□화장실 トイレ　　　□학교 学校　　　□사전 辞書

① 저（　）일본 사람（　　　　　）.

②（　）학생（　　）제 친구（　　　　　）.

③ 화장실（　　　）저기（　　　　）?

④（　　　　）은 제（　　　）입니까?

⑤ 제 사전（　）（　　　　　　　）.

練習 5 音声を聞いて、下の単語を韓国語で何というか（　　）に書きましょう。　🔊 052

□꽃 花　　　　□과일 果物　　　□옷 服　　　□아버지 父
□－의 ～の（発音は /e/）　　□어머니 母　　　□나라 国

① みかん　　（　　　　　　　）　　　② バラ　　　　（　　　　　　　）

③ アメリカ（　　　　　　　）　　　④ おばあさん（　　　　　　　）

⑤ ズボン　　（　　　　　　　）

私は学生ではありません

🔊 053

서연 : 저, 혹시 마키 씨가 아닙니까?

마키 : 네. 맞아요. 근데 어떻게…?

서연 : 저는 민준이 누나예요. 서연이라고 합니다.

마키 : 아, 그래요?

　　　서연 언니도 저희 학교 학생입니까?

서연 : 나는 학생이 아니에요.

　　　이 학교 직원이에요.

ソヨン：あのう、ひょっとして真希さんじゃありませんか。
　真希：はい、そうです。でも、どうして…
ソヨン：私はミンジュンの姉です。ソヨンといいます。
　真希：ああ、そうですか。
　　　　ソヨンさんもうちの学校の学生ですか。
ソヨン：私は学生じゃありません。
　　　　この学校の職員なんです。

□ 저 あのう
□ -가/이 아닙니까? 〜ではありませんか
□ 근데 でも
□ 누나 お姉さん (弟から見た)
□ 그래요(?) そうです(か)
□ 저희 私たちの (우리の丁寧語)
□ -가/이 아니에요 〜ではありません
□ 이 この

□ 혹시 ひょっとして
□ 맞아요 その通りです
□ 어떻게 どうして　　□ 민준이 (민준の愛称)
□ 예요/이에요 〜です
□ 언니 お姉さん (妹から見た)
□ 학교 学校
□ 나 私、ぼく (저よりくだけた言い方)
□ 직원 職員

point 4　　-가/이 아닙니다　〜ではありません

입니다の否定文が가/이 아닙니다「〜ではありません」です。아닙니다は「そうではありません」「違います」の意味で、아니요「いいえ」と同じく返事にも使えるフレーズです。前に名詞を置いて「〜ではない」と言う場合には名詞の後に「が」に当たる助詞가/이が必要になります。

point 5　　-가/이　〜が

母音終わりの名詞＋가 ／ 子音終わりの名詞＋이

「私が」は저가ではなく제가と言います。くだけた言い方の「私」나も、「私が」は내가という特別な形になります。

練習1 例にならって「〜は〜ではありません」という文を作りましょう。

例 저 (私) / 선생님 (先生)

→ 저는 선생님이 아닙니다. 私は先生ではありません。

① 그것 (それ) / 문제 (問題)　　　　　→ _____

② 저 사람 (あの人) / 재일 교포 (在日韓国人) → _____

③ 제 이름 (私の名前) / 야마모토 (山本)　→ _____

④ 짜장면 (ジャージャー麺) / 한국 음식 (韓国料理) → _____

⑤ 여기 (ここ) / 제 집 (私の家)　　　　→ _____

point 6

	です	ではありません
합니다体 ハムニダ	**입니다**	**아닙니다**
해요体 ヘヨ	（母音終わりの名詞＋）**예요** （子音終わりの名詞＋）**이에요**	**아니에요**

❶ 합니다体、해요体というのは、文体の名前です。どちらも日本語で言うと「です・ます体」に当たる丁寧な文体ですが、합니다体の方がフォーマルでかしこまった文体です（합니다体と해요体の使い分けについては巻末「Ⅴ. 합니다体と해요体のニュアンス」の項を参照してください）。합니다体については15課で、해요体については18課で詳しく習います。

❷「です」の해요体は、前に母音終わりの名詞が来るか子音終わりの名詞が来るかで 예요/이에요 の２つの形を使い分けます。「예요」は /ye・yo/ と綴りますが、発音は /e・yo/ です。

❸「～ですか」「～ではありませんか」と疑問文にする場合、합니다体は１課で習ったように末尾の다を까に変えて、입니까? 아닙니까? としますが、해요体は形を変えずイントネーションを尻上がりにするだけです。

練習2 下線部を합니다体から해요体に変えましょう。

□집 家 　　　□여기 ここ 　　　□이름 名前 　　　□짜장면 ジャージャー麺
□중국 中国 　　□음식 料理、食べ物 　□여자 女の人 　□대학생 大学生
□재일 교포〈在日僑胞〉在日韓国人

① 제 집은 여기<u>입니다</u>. 　　　　　→ _____

② 야마모토는 제 친구 이름<u>입니다</u>.→ _____

③ 짜장면은 중국 음식<u>입니다</u>. 　　→ _____

④ 그 여자는 대학생이 <u>아닙니다</u>. → _____

⑤ 저는 재일 교포가 <u>아닙니다</u>. 　→ _____

練習3　音声を聞いて（　　）の中を埋め、できあがった文を日本語に訳しましょう。　🔊054

> □오늘 今日　　□휴일 休日　　□이 この　　　□음식 料理、食べ物
> □한국 韓国　　□옷 服　　　□이것 これ　　□그 その　　　□친구 友だち
> □이름 名前　　□돈 お金　　□문제 問題

① 오늘(　　) 휴일(　　　　　　).

_____

② (　　) 음식(　　) 한국 음식(　　) 아닙니다.

_____

③ 제 옷(　　) 이것(　　) 아니에요.

_____

④ (　　) 친구 이름(　　) 야마모토(　　　　　).

_____

⑤ 돈(　　) 문제(　　) 아닙니다.

_____

練習4　音声を聞いて、次の単語を韓国語で書き取りましょう。　🔊055

> □이게 뭐예요? これは何ですか（이게は이것이「これが」を省略した会話形）

① 肉　　　（　　　　　　　）　　②ご飯　　（　　　　　　　）

③ もち　（　　　　　　　）　　④川　　　（　　　　　　　）

⑤ 足　　　（　　　　　　　）　　⑥お金　　（　　　　　　　）

これは何ですか

🔊 056

마키 : 이게 뭐예요?

민준 : 시디예요.

마키 : 무슨 시디예요?

민준 : 일본 가수 거예요.

마키 : 어느 노래가 제일 좋아요?

민준 : 다 좋아요. 마키 씨는 한국 가수 중에

　　　누구를 좋아해요?

마키 : 글쎄요….

真希：	これは何ですか。
ミンジュン：	CD です。
真希：	何の CD ですか。
ミンジュン：	日本の歌手のです。
真希：	どの歌が一番好きですか。
ミンジュン：	全部好きです。真希さんは韓国の歌手の中で
	誰が好きですか。
真希：	そうですね…。

□이게 これが　　□뭐 何　　　　□시디 CD　　　□무슨 何の
□일본 日本　　　□가수 歌手　　□거 もの（것の会話形）
□어느 どの　　　□노래 歌　　　□제일 一番　　□좋아요 良いです、好きです
□다 全部　　　　□한국 韓国　　□중에 ～のうちで
□누구 誰　　　　□-를/을 좋아해요 ～が好きです　　□글쎄요 そうですね、ええと

point 7　疑問詞 1

무엇 何　　어디 どこ　　누구 だれ

❶무엇は会話においては뭐とも言います。

❷무엇は「何時」「何歳」のような数字を聞くときには使いません。（その場合は몇という疑問詞を使います）

❸「だれの～」と言いたいときは「누구＋名詞」で表現します。また、「だれが」は、누구가ではなく누가という特別な形になります。

練習 1　意味の通る会話のやりとりになるよう、かっこの中に適当な疑問詞を入れましょう。⑤は疑問詞＋助詞を入れましょう。

□화장실 トイレ　　□저기 あそこ　　□교과서 教科書　　□입구 入り口
□여기 ここ　　　　□우리 私たちの　　□선생님 先生

① 화장실이 (　　　)입니까?　　—— 저기예요.

② 이 사람이 (　　　)예요?　　—— 제 친구예요.

③ 이것이 (　　　)입니까?　　—— 교과서입니다.

④ (　　　)가 입구예요?　　—— 여기가 입구입니다.

⑤ (　　　) 우리 선생님이에요? —— 김 선생님입니다.

疑問詞を含んだフレーズが後ろに来る場合、主語は「は」ではなく「が」で表すこともあります。「これは何ですか」というフレーズを韓国語では「これが何ですか」と表現するわけです。

point 8 疑問詞2

무슨 何の　어느 どの、どこの

❶ **어느 것**（どの＋もの）は、「どれ」を意味します。

❷「どこの国」「どこの学校」のように、場所ではなく国名や学校名を聞くときの「どこの」は 어디 ではなく 어느 を使います。

❸「何人（なにじん）」と聞くときは **어느 나라 사람**（どの＋国＋人）、「何語」と聞くときは **어느 나라 말**（どの＋国＋ことば）という表現を使います。

練習2 意味の通る会話のやりとりになるよう、かっこの中に適当な疑問詞を入れましょう。

┌───┐
│ □오늘 今日　　□날 日　　□생일 誕生日　　□나라 国　　□미국 アメリカ │
│ □우산 傘　　□것 物　　□교수님 教授　　□방 部屋　　□대학교 大学 │
└───┘

① 오늘이 (　　) 날입니까?　　　　　── 민준 씨 생일입니다.

② 저 사람은 (　　) 나라 사람이에요?　── 미국 사람입니다.

③ 이 우산은 (　　) 것입니까?　　　　── 제 거예요.

④ 교수님 방은 (　　) 방이에요?　　　── 저기 저 방입니다

⑤ 그 사람은 (　　) 학교 학생이에요?　── 서울 대학교 학생입니다.

練習3 次の文を韓国語にしましょう。

> □이것 これ　　□이름 名前　　□여기 ここ　　□노래 歌

① これは何ですか。

② 名前は何ですか。

③ ここはどこですか。

④ この人はだれですか。

⑤ この歌はだれの歌ですか。

練習4 絵を見ながら音声を聞き、下の質問に日本語で答えましょう。　　🔊 057

> □책 本　　□사전 辞書　　□한국어 韓国語　　□영어 英語　　□사진 写真
> □의 ～の　　□남자 男の人　　□애인 恋人　　□그냥 単なる　　□중국 中国

① 右側にある本は何の本ですか。

② 左側にある辞書は何の辞書ですか。

③ 誰の辞書ですか。

④ 写真の男性は誰ですか。

⑤ 写真の男性はどこの国の人ですか。

제 11 과

ベッドもありますか

🔊 058

마키 : 한국말은 아직 자신이 없어요.

민준 : 괜찮아요. 제가 옆에 있어요.

마키 : 아줌마, 빈방 있습니까?

아주머니 : 네, 있어요. 방 안에 화장실도 있어요.

민준 : 침대도 있어요?

아주머니 : 침대는 없어요. 온돌방이에요.

真希 : 韓国語はまだ自信がありません。

ミンジュン : だいじょうぶですよ。私が横にいます。

真希 : おばさん、(この下宿に) 空き部屋ありますか。

下宿屋のおばさん : ええ、ありますよ。部屋の中にトイレもあります。

ミンジュン : ベッドもありますか。

おばさん : ベッドはありません。オンドル部屋です。

- □한국말 韓国語　　　□아직 まだ　　　□자신 自信　　　□괜찮아요 大丈夫です
- □제가 私が　　　　　□옆 横、となり　□아줌마 아주머니（おばさん）のくだけた言い方
- □빈방 空き部屋　　　□안 中　　　　　□화장실 トイレ　　　□침대 ベッド
- □온돌방［빵］オンドル部屋

point 9

ある・ない（存在詞）	합니다体	해요体
あります・います	있습니다	있어요
ありません・いません	없습니다	없어요

❶ 日本語は主語が無生物か生物かで「ある」と「いる」、「ない」と「いない」を使い分けますが、韓国語はその区別がありません。

❷「あります・います」を意味する 있습니다/있어요、「ありません・いません」を意味する 없습니다/없어요 は、韓国語の文法では動詞でもなく形容詞でもない**存在詞**と呼ばれる用言に分類されています。

❸ 없습니다 は［업씁니다］、없어요 は［업써요］と発音します。これらのフレーズの1文字目 없 にはパッチムが2つ付いていますが、これを複パッチムと言います。複パッチムの読み方については巻末「Ⅶ. 複パッチムの発音」を参照してください。

point 10　　　−에　〜に

❶ −에 は日本語の「に」に当たる助詞です。前に来る名詞が母音終わりでも子音終わりでも同じ形を使います。

❷「友だちに電話する」のように「（人）に」という場合は、에ではなく**에게**という助詞を使います。

point 11　位置名詞

뒤 後ろ

앞 前

왼쪽 左　오른쪽 右

옆 横

사이 間

위 上

밑 下　아래 下

안 中　속 中

밖 外

❶「学校の前」のように位置名詞の前に助詞「の」がある場合、韓国語では「の」に
当たる助詞は用いず「学校前」のように名詞を並べるだけにします。

❷「下」と「中」の使い分けは巻末「Ⅵ.『下』と『中』」を参照してください。

練習1 絵を見て（　）の中に位置名詞を入れましょう。

□지갑 財布　　　□책상 机　　　□안경 めがね　　　□가방 かばん
□강아지 子犬、犬　□집 家　　　□휴대폰 携帯電話　□침대 ベッド

① 지갑은 어디 있습니까? —— 책상 (　　　　)에 있어요.

② 안경은 어디 있어요?　 —— 가방 (　　　　)에 있어요.

③ 강아지는 어디 있어요? —— 집 (　　　　)에 있어요.

④ 휴대폰은 어디 있어요? —— 침대 (　　　　)에 있어요.

練習2 絵を見て（　　）の中に建物の名前を入れましょう。

□식당 食堂、飲食店	□빵집[찝] パン屋	□-하고 〜と	□병원 病院
□은행 銀行	□편의점 コンビニ	□호텔 ホテル	□면세점 免税店

식당　　　　　　　　학교　　　　　　　　편의점　면세점

① 식당 옆에 뭐가 있어요?　　　　　　—（　　　　　）이 있어요.

② 학교하고 병원 사이에 뭐가 있어요? —（　　　　　）이 있어요.

③ 병원 오른쪽에 뭐가 있어요?　　　　—（　　　　　）이 있어요.

④ 호텔 아래에 뭐가 있습니까?　　　　—（　　　　　）이 있습니다.

練習3 会話を聞いてゴミ箱、携帯電話、財布、パスポートが部屋のどこにあるのかA〜Eの記号で答えましょう。

🔊 059

□쓰레기통 ゴミ箱	□책상 机	□어느쪽 どっち	□휴대폰 携帯電話
□지갑 財布	□침대 ベッド	□여권[여꿘] 旅券、パスポート	□그림 絵

① 쓰레기통 ゴミ箱 （　　　） ② 휴대폰 携帯電話 （　　　）

③ 지갑 財布 　　 （　　　） ④ 여권 パスポート （　　　）

제 **12** 과

2回目です

🔊 060

민준 : 한국은 처음이에요?

마키 : 아니요, 두 번째예요.

민준 : 이번에는 한국에 얼마나 있습니까?

마키 : 여섯 달 정도요.

민준 : 여기 한국인 친구도 있습니까?

마키 : 네, 몇 명 있어요.

ミンジュン： 韓国は初めてですか。
　　真希： いいえ、2回目です。
ミンジュン： 今回は韓国にどのくらいいるんですか。
　　真希： 6ヶ月ほどです。
ミンジュン： こちらに韓国人の友だちもいますか。
　　真希： ええ、何人かいます。

単語と表現

□처음 初めて　　　□번째 ～回目　　　□이번 今回、今度　　　□얼마나 どのくらい
□달 月　　　　　　□정도〔程度〕ほど　　□-요 ～です（名詞、名詞＋助詞に付く丁寧の語尾）
□한국인 韓国人　　□몇 명 何人、何人か

point 12 固有数詞（1から10）　🔊061

| 1 하나 | 2 둘 | 3 셋 | 4 넷 | 5 다섯 |
| 6 여섯 | 7 일곱 | 8 여덟 | 9 아홉 | 10 열 |

❶日本語同様、韓国語にも数詞は2種類あります。中国語由来の**漢数詞**（日本語の数詞で言うならイチ、ニ、サン…）と、もともと韓国語が持っていた**固有数詞**（日本語の数詞で言うならひとつ、ふたつ、みっつ…）です。漢数詞は次の13課で学びます。

❷固有数詞は主に物の個数を数えるときに用いられます。それに対して、漢数詞は日付や番号などに用いられます。

☆固有数詞の1～10を覚えましょう。

練習1 聞き取った数を数字で書きましょう。　🔊062

① ____　② ____　③ ____　④ ____　⑤ ____
⑥ ____　⑦ ____　⑧ ____　⑨ ____　⑩ ____

point 13 固有数詞＋助数詞　🔊063

1人 한 명	2人 두 명	3人 세 명	4人 네 명
5人 다섯 명	6人 여섯 명	7人 일곱 명	
8人 여덟 명	9人 아홉 명	10人 열 명	

❶1～4の数詞は後ろに数えるための名詞（助数詞）が来ると、形を変えます。
❷명以外にもよく使われる助数詞に、개（個）장（枚）번（回）살（才）시（時）などがあります。

point 14　11以上の固有数詞

🔊 064

11 **열하나(열한)**	12 **열둘(열두)**	13 **열셋(열세)**

14 **열넷(열네)**　15 **열다섯**　16 **열여섯**　17 **열일곱**

18 **열여덟**　　19 **열아홉**　20 **스물(스무)**

❶11〜14と20は後ろに助数詞が来ると、（　　　）の中の形になります。

❷21からは스물하나, 스물둘, 스물셋…と続きます。30は서른、40は마흔、50は쉰、
60は예순、70は일흔、80は여든、90は아흔と言います。

☆助数詞〜살（〜歳）をつけて、1歳から29歳まで言ってみましょう。　　　　🔊 065

練習2 何歳と言ったのか書きましょう。　　　　🔊 066

①	②	③	④	⑤

⑥	⑦	⑧	⑨	⑩

練習3 例にならって絵の家族を説明してみましょう。

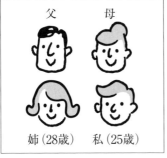

例　父　　母

姉（28歳）　私（25歳）

우리 가족은 모두 네 명입니다.
아버지, 어머니, 누나, 그리고 저입니다.
누나는 스물 여덟 살입니다.
저보다 세 살 위입니다.

☐가족 家族　☐모두 皆で　☐명 〜名　☐그리고 そして　☐보다 〜より
☐어머니 お母さん　☐아버지 お父さん　☐언니 お姉さん(妹から見た)
☐누나 お姉さん(弟から見た)　☐보다 〜より　☐위 上　☐할아버지 おじいさん
☐동생 弟、妹　☐아래 下

50 (오십)

①
母
私（19歳）
姉（21歳）

②
父　　母　　祖父
弟（17歳）　私（21歳）

練習4 音声を聞いて、絵と同じ数だけあると言えば○を、違う数を言えば×を書きなさい。

🔊 067

□지우개 消しゴム　　□표 チケット　　□음료수 飲み物　　□커피 コーヒー
□숟가락 スプーン　　□만원짜리 一万ウォン札　　□아이 子ども　□의자 椅子
□돼지 豚　□장 ～枚　□잔 ～杯（飲み物）　　□마리 ～匹　□그릇 ～杯（食べ物）

① (　　　)　　② (　　　)　　③ (　　　)　　④ (　　　)　　⑤ (　　　)

⑥ (　　　)　　⑦ (　　　)　　⑧ (　　　)　　⑨ (　　　)　　⑩ (　　　)

제 **13** 과

3年生です

민준 : 마키 씨는 몇 학년입니까?

마키 : 3학년입니다.

민준 : 몇 년생입니까?

마키 : 95년생이에요.

　　　민준 씨는 몇 학번이에요?

민준 : 14학번입니다.

마키 : 그럼, 제가 선배네요.

　　　나이도 1살 위예요.

ミンジュン： 真希さんは何年生ですか。
　　真希： 3年生です。
ミンジュン： 何年生まれですか。
　　真希： 95年生まれです。
　　　　　ミンジュンさんは何年入学ですか。
ミンジュン： (20)14年入学です。
　　真希： じゃ、わたしが先輩ですね。
　　　　　年も1歳上です。

□몇 何〜（数字を問うときに用いる）　□학년 学年、〜年生
□년생 〜年生まれ　□학번〔学番〕〜年入学　□그럼 じゃ、では　□선배 先輩
□-네요 〜ですね（軽い感嘆）　□나이 年齢　□살 〜歳　□위 上

point 15　漢数詞（1から10） 🔊069

1 **일**　2 **이**　3 **삼**　4 **사**　5 **오**
6 **육**　7 **칠**　8 **팔**　9 **구**　10 **십**

☆漢数詞の1〜10を覚えましょう。

練習1 次の物が何階で売っているのか答えましょう。 🔊070

□층 〜階　□신발 靴　□우산 傘　□시계 時計
□우유 牛乳　□지하 地下　□젓가락 箸　□화장품 化粧品

① 靴　（　　）階　② 傘（　　）階　③ 時計　（　　）階

④ 牛乳（　　）階　⑤ 箸（　　）階　⑥ 化粧品（　　）階

練習2 音声を聞いて電話番号を書きましょう。 🔊071

□전화번호 電話番号　□몇 번 何番　□공 ゼロ
□륙 6（電話番号のように一桁の数字を羅列するとき육ではなく륙とも言う。ただし頭に6を言うときは육）　□의 〜の（ふつう /e/ と発音する）

① ☐☐☐☐ — ☐☐☐☐　② ☐☐☐☐ — ☐☐☐☐

③ ☐☐☐☐ — ☐☐☐☐　④ ☐☐☐☐ — ☐☐☐☐

⑤ ☐☐☐☐ — ☐☐☐☐

point 16　漢数詞 (11から99)　　　🔊 072

11	**십일**	12	**십이**	13	**십삼**	14	**십사**	15	**십오**

16 **십육**　17 **십칠**　18 **십팔**　19 **십구**　20 **이십**

21 …

☆11〜20を発音しながら覚えましょう。また21〜30、31〜40…と数を増やして言ってみましょう。

練習3 下の図を見て聞こえた数字にチェックを入れていってください。最後の数字でどこかの行か列がビンゴするはずです。　🔊 073

	a	b	c	d	e	f
1	1	2	3	4	5	6
2	7	8	9	10	11	12
3	13	14	15	16	17	18
4	19	20	21	22	23	24
5	25	26	27	28	29	30
6	31	32	33	34	35	36

point 17　日付の言い方（〜月〜日）　🔊 074

1月 **일월**	2月 **이월**	3月 **삼월**	4月 **사월**
5月 **오월**	6月 **유월**	7月 **칠월**	8月 **팔월**
9月 **구월**	10月 **시월**	11月 **십일월**	12月 **십이월**

〜日 ＝ 漢数詞 ＋ **일**

月（〜月）も日（〜日）も漢数詞とともに用います。ただし、6月と10月だけ数詞が変則的な形になるので注意してください。

練習 4　音声を聞いて誕生日や記念日が何月何日なのか聞き取って書きましょう。　🔊 075

□생일 誕生日　　□언제 いつ　　□몇 월[며뒬] 何月　　□며칠 何日
□어버이 날 両親の日　　□한글날 ハングルの日
□광복절 光復節（植民地解放記念日）

① (　　　)月 (　　　)日　　② (　　　)月 (　　　)日

③ (　　　)月 (　　　)日　　④ (　　　)月 (　　　)日

⑤ (　　　)月 (　　　)日

練習 5　音声の質問に韓国語で答えましょう。　🔊 076

①

②

③

④

⑤

全部で 14,000 ウォンです

🔊 077

종업원 : 어서 오세요. 몇 분이세요?

민준 : 세 명입니다.

종업원 : 여기 앉으세요.

민준 : 된장찌개 하나하고 비빔밥 두 개 주세요.

· ·

민준 : 아줌마, 얼마예요?

종업원 : 된장찌개가 5,000원, 비빔밥이 4,500원,

모두 14,000원입니다.

従業員 ： いらっしゃいませ。何名さまですか。

ミンジュン ： ３人です。

従業員 ： こちらに座ってください。

ミンジュン ： 味噌チゲひとつとビビンバふたつください。

· ·

ミンジュン ： おばさん、いくらですか。

従業員 ： 味噌チゲが5000ウォン、ビビンバ4500ウォン、
全部で14000ウォンです。

単語と表現

- □ 어서 오세요 いらっしゃいませ
- □ 앉으세요 座ってください
- □ 아줌마 おばさん
- □ 명 분이세요? 何名さまですか
- □ 된장찌개 味噌チゲ
- □ 얼마 いくら
- □ 주세요 ください
- □ 모두 全部、全部で

point 18 漢数詞の百、千、万

百 **백**　　千 **천**　　万 **만**

백「百」の前に2、3、4…の漢数詞をつければ、200、300、400…となります。千、万も同様です。100、1000、10000は一をつけずに、それぞれ백, 천, 만と言います。1万も일만ではなく만だけなので注意してください。

☆100以上の数を言いましょう。　🔊 078

100, 200, 300, 400, 500, 600, 700, 800, 900

1000, 2000, 3000, 4000, 5000, 6000, 7000, 8000, 9000

10000, 20000, 30000, 40000, 50000, 60000, 70000, 80000, 90000, 100000

練習1 聞き取った数を数字で書きましょう。　🔊 079

① ＿＿＿＿＿　② ＿＿＿＿＿　③ ＿＿＿＿＿　④ ＿＿＿＿＿

⑤ ＿＿＿＿＿　⑥ ＿＿＿＿＿　⑦ ＿＿＿＿＿　⑧ ＿＿＿＿＿

⑨ ＿＿＿＿＿　⑩ ＿＿＿＿＿

会話を聞いていくらの物をいくつ買ったのか答えましょう。　　　🔊 080

> □ 얼마 いくら　　　　□ 그럼 では　　　□ 이걸로 주세요 これをください
> □ −는요? 〜は?　　　□ 짜리 （〜ウォン）のもの　　　　□ 좀 ちょっと
> □ 비싸다 （値段が）高い　　　□ 더 もっと　　□ 싼 건 安いのは
> □ 그걸로 주세요 それをください　　　□ 드릴까요? さしあげましょうか?
> □ −만 〜だけ　　　□ 이쪽 こっち　　□ 모두 全部で

① (　　　　　　) ウォンの物を (　　　　　　) 個

② (　　　　　　) ウォンの物を (　　　　　　) 個

③ (　　　　　　) ウォンの物を (　　　　　　) 個

④ (　　　　　　) ウォンの物を (　　　　　　) 個

point 19　時刻の表現（〜時〜分）

（固有数詞）＋ 시 （漢数詞）＋ 분　〜時〜分

時刻とともによく使われる表現

오전（午前）	오전 7시 （午前7時）
오후（午後）	오후 4시 （午後4時）
반（半）	5시 반 （5時半）
전（前）	3시 5분전（3時5分前）
정각（ちょうど）	정각 12시 （ちょうど12時）　　9시 정각 （9時ちょうど）

音声を聞いて聞き取った時刻を書きましょう。　　　🔊 081

> □ 지금 今　□ 오후 午後　□ 오전 午前　□ 반 半　□ 정각 ちょうど　□ 전 前

① _____　　② _____

③ _____　　④ _____

⑤ _____

練習4 音声を聞いて유미さんについてわかったことを日本語で書きましょう。 🔊 082

□지금 今　　　　　　□학년 ～年生　　□년생 ～年生まれ　　□학번 入学年度
□아파트 マンション　□층 ～階　　　□호실 ～号室　　　　□전화번호 電話番号
□주세요 ください

_____

_____

_____

_____

_____

さらにポイント

── 固有数詞と漢数詞の使い分け ──

　数詞は後ろにつける助数詞の種類によって、固有数詞と漢数詞を使い分けなければなりません。大きく区別するなら、固有数詞はいくつなのか数を数える時に用い、漢数詞は何番（目）なのか番号を割りふる時に用います。例えば助数詞번は、固有数詞とともに用いると「～回」、漢数詞とともに用いると「～番」という意味になります。ただし、時刻の시（～時）については例外と言えるかもしれません。また、数詞をハングルで書いた場合は「数詞＋助数詞」を分かち書きしますが、数詞を（アラビア）数字で書いた場合は分かち書きしません。

例1　한 번 1回　　일번 1番
例2　한 시 / 1시 1時

部屋で音楽を聞きます

🔊 083

(마키의 하루)

보통 7시에 집에 옵니다.

바로 씻고 TV를 봅니다.

8시쯤에 저녁을 먹습니다.

식사 후에 내 방에서 음악을 듣습니다.

가끔 친구한테 전화를 겁니다.

물론 공부도 합니다.

(真希の一日)
ふつう 7 時に家に戻ります。
すぐにシャワーをして、テレビを見ます。
8 時頃夕飯を食べます。
食事後に自分の部屋で音楽を聞きます。
たまに友だちに電話をかけます。
もちろん勉強もします。

単語と表現

- □ 하루　一日
- □ 보통　ふつう
- □ 집에 오다　家に戻る
- □ 바로　すぐに
- □ 씻다　シャワーする
- □ 고　～て
- □ TV(티비/티브이)　テレビ
- □ 보다　見る
- □ 쯤　～頃
- □ 저녁　夜、夕食
- □ 먹다　食べる
- □ 식사 후　食事後
- □ 방　部屋
- □ 들어가다　入る
- □ 음악　音楽
- □ 듣다　聞く
- □ 가끔　たまに
- □ -한테　(人)に
- □ 걸다　かける
- □ 물론　もちろん
- □ -도　～も

point 20　文法用語（１）

用　言：動詞、形容詞をまとめて用言と言う。韓国語では指定詞（이다, 아니다）存在詞（있다, 없다）も用言に含まれる。

原　形：用言の辞書に載っている形を原形と言う。韓国語はすべての用言の原形が−다で終わる。

語　幹：原型から−다を除いた部分を語幹と言う。語幹にさまざまな接辞を接続することで、用言のいろいろな活用形が作りだされる。

母音語幹：語幹の最後の音節が母音で終わる語幹を言う。

ㄹ 語 幹：語幹の最後の音節がㄹパッチムで終わる語幹をㄹ語幹と言う。語幹に接続する接辞によっては、このㄹパッチムが消えることがある。

子音語幹：語幹の最後の音節がㄹ以外の子音で終わる語幹を言う。

point 21　합니다体の作り方

母音語幹、ㄹ語幹　＋　ㅂ니다　（ㄹ語幹のㄹパッチムは消える）

子音語幹　　　　　＋　습니다

❶疑問文は末尾の다を까に代えて、ㅂ니까?/습니까?とします

❷どの活用においてもㄹ語幹は常に母音語幹と同じ語尾をつけます。

練習1　次の①〜⑧の用言を합니다体にしましょう。

① 되다（なる）　_____

② 보다（見る）　_____

③ 이다（である）　_____

④ 살다（住む）　_____

61 (육십일)

⑤ 멀다(遠い) _____　　⑥ 좋다 (良い) _____

⑦ 없다(ない) _____　　⑧ 읽다 (読む) _____

point 22

−를/을　〜を

母音終わりの名詞＋를 ／ 子音終わりの名詞＋을

❶例外的に「を」ではない助詞が韓国語の「를/을」に対応していることがあります。たとえば「〜に乗る」「〜に会う」は、それぞれ를/을 타다、를/을 만나다と言います。そうした例外は、助詞と動詞の組み合わせで覚えておきましょう。

❷「〜が好きだ」と言う場合も、形容詞좋다なら가/이 좋다ですが、動詞좋아하다なら를/을 좋아하다と「를/을」を使います。これも日本語の助詞の使い方とは違う例です。

❸「〜に行く」は、「韓国に行く」のようにその場所に行くときには에 가다ですが、「買い物に行く」のようにそれをしに行く場合には를/을 가다と助詞を使い分けます。

練習2　下の単語リストを参考に、日本語文を韓国語にしましょう。

```
□밥 ご飯        □먹다 食べる      □이야기 話      □하다 する
□비 雨         □오다 来る、降る    □숙제 宿題      □많다 多い
□한국 韓国      □가다 行く
```

① ご飯を食べます。 _____

② 話をします。 _____

③ 雨が降ります。 _____

④ 宿題が多いです。 _____

⑤ 韓国に行きます。 _____

練習3 音声の用言の部分を聞き取って、その意味を書きましょう。　　　🔊 084

① 宿題を _____

② ピビンパを _____

③ 友だちが _____

④ 旅行に _____

⑤ 友だちが _____

練習4 音声を聞いて〔　〕には数字を（　　）には用言を書きましょう。　🔊 085

□부터 〜から　　□까지 〜まで　　□그리고 そして　　□많이 たくさん
□같이[가치] いっしょに　　□저녁 夕食、夜　　□만나다 会う

① 저는 〔　〕월 〔　〕일부터 〔　〕월 〔　〕일까지
　한국에 （　　　　）.

② 저는 한국에 친구가 （　　　　）.

③ 〔　〕월 〔　〕일에 그 친구가 서울까지 （　　　　）.

④ 오후 〔　〕시에 서울에서 그 친구를 （　　　　）.

⑤ 그리고 이야기를 많이 （　　　　）.

⑥ 같이 저녁도 （　　　　）.

제 16 과

ソウルから釜山まで何時間かかりますか

🔊 086

마키 : 저는 내일부터 방학입니다.

　　　 민준 씨는 방학에 뭘 합니까?

민준 : 친구들과 여행을 갑니다.

마키 : 어디로 갑니까?

민준 : 부산에 갑니다.

마키 : 서울에서 부산까지 몇 시간 걸립니까?

민준 : KTX로 2시간 30분 정도입니다

　　　 고속버스보다 훨씬 빠릅니다.

真希 : 私は明日から休みです。
　　　 ミンジュンさんは休みに何をしますか。
ミンジュン : 友だちと旅行に行きます。
真希 : どこへ行くんですか。
ミンジュン : 釜山に行きます。
真希 : ソウルから釜山まで何時間かかりますか。
ミンジュン : KTX で 2 時間 30 分ほどです。
　　　 高速バスよりずっと速いです。

□ 내일 明日　　　□ 방학 （学校の）休暇　　□ 뭘 何を　　　□ 들 ～たち
□ 여행 旅行　　　□ -로 ～で、へ　　　　□ -에서 ～から　　□ -까지 ～まで
□ 시간 時間　　　□ 걸리다 かかる　　　　□ KTX(케이티엑스) KTX（韓国の超特急名）
□ 정도 ほど　　　□ 고속버스 高速バス　　□ -보다 ～より
□ 훨씬 ずっと、はるかに　　　　　　　　□ 빠르다 速い

これまでの課で習った助詞　覚えているかどうかチェックしましょう。

□ は　는/은　　□ が　가/이　　□ を　를/을　　□ に　에
□ も　도　　　　□ の　의　　　□ と　하고　　□ より　보다

point 23　와/과, 하고　～と

❶와/과 も 하고 も 「と」 に当たる助詞で意味は同じです。와/과 は書き言葉に使い、하고 は会話で使います。会話で使うさらにくだけた 「と」 に 랑/이랑 というのもあります。

練習1　正しい方の助詞に○をつけましょう。

① 이것(는, 은) 과일입니다.　　　　これは果物です。
② 한국 사람(가, 이) 아닙니다.　　　韓国人ではありません。
③ 공부(를, 을) 합니다.　　　　　　勉強をします。
④ 친구들(와, 과) 놉니다.　　　　　友人たちと遊びます。
⑤ 여기(가, 이) 우리 학교입니다.　ここが私の学校です。

point 24　～で

「学校で」のような「どこで」の「で」　　⇨ **에서**

「スプーンで」「韓国語で」のような「何で」の「で」　⇨ **로/으로**

母音終わりの名詞、ㄹ終わりの名詞＋로
子音終わり（ㄹ以外）の名詞＋으로

❶「場所＋で」は 에서、「道具、手段、理由＋で」は 로/으로 と助詞を使い分けます。
❷「場所＋로/으로」は 「～へ」 という方向を表す意味になります。

練習2 日本語文と同じ意味になるよう、かっこの中に適当な助詞を入れましょう。

① 집(　　　) 공부합니다.　　　家で勉強します。

② 숟가락(　　　) 먹습니다.　　　スプーンで食べます。

③ 한글(　　　) 씁니다.　　　ハングルで書きます。

④ 감기(　　　) 쉽니다.　　　風邪で休みます。

⑤ 버스 안(　　　) 만납니다.　　　バスの中で会います。

---

point 25　～に

「ここに」「2時に」といった多くの場合　⇨　**에**

「友だちに」「犬に」といった「人や動物に」の「に」⇨　**에게, 한테**

（한테は会話でのみ使います）

❶「～になる」の場合は、가/이 되다と「が」にあたる助詞を使います。

❷「(場所)に行く」の「に」は에ですが、「(行為)に行く」の「に」は를/을を使います（15課参照）。

---

point 26　～から

「韓国から」「ここから」のような「どこから」の「から」⇨　**에서**

「今から」「1時から」のような「いつから」の「から」　⇨　**부터**

❶「(人)から」の「から」には、「(人)に」の에게, 한테に서を加えた에게서, 한테서という助詞がありますが、多くの場合「友だちからもらう」＝「友だちにもらう」というふうに「に＝에게, 한테」で代わりに表現できます。

---

point 27　까지　～まで、までに

---

point 28　日本語「に、が」が韓国語「를/을」に対応する例

～に乗る　**를/을 타다**　　　～に会う　**를/을 만나다**

～が好きだ　**를/을 좋아하다**　　　～が嫌いだ　**를/을 싫어하다**

～がわかる　**를/을 알다**　　　～がわからない　**를/을 모르다**

練習3 下線部の間違いを直しましょう。

① 私が韓国に行きます。　　　<u>저가</u> 한국에 갑니다.

② 友だちにプレゼントをあげます。　<u>친구에</u> 선물을 줍니다.

③ 今日から韓国語を習います。　<u>오늘에서</u> 한국말을 배웁니다.

④ 韓国へ旅行に行きます。　　한국<u>으로</u> <u>여행에</u> 갑니다.

⑤ 兄はぼくより頭がいいです。　형은 <u>나부터</u> 머리가 좋습니다.

⑥ 私もその話が好きです。　　저도 그 <u>이야기가</u> 좋아합니다.

練習4 音声を聞いて（　　）の中に助詞を入れ、完成した文を日本語に訳しましょう。 🔊 087

□형 兄　　□머리 頭　　□방 部屋　　□책상 机　　□신문 新聞
□메일 メール　□쓰다 書く　□집 家　　□역 駅　　□멀다 遠い

① 형（　　） 머리（　　） 좋습니다.

_____

② 방（　　） 책상（　　） 있습니다.

_____

③ 한국（　　） 신문（　　） 일본（　　） 신문（　　） 있습니다.

_____

④ 한국말（　　） 메일（　　） 씁니다.

_____

⑤ 집（　　） 역（　　） 멉니다.

_____

⑥ 친구（　　） 서울（　　） 갑니다.

_____

運動はあまり好きじゃありません

🔊 088

민준 : 저는 지금 다이어트 중입니다.

마키 : 왜요? 민준 씨 하나도 안 뚱뚱합니다.

민준 : 요즘 배가 좀….

마키 : 운동은 안 합니까?

민준 : 운동은 별로 좋아하지 않습니다.

마키 : 식사에는 신경을 씁니까?

민준 : 네. 과자를 먹지 않습니다.

ミンジュン： ぼくは今ダイエット中です。
　　真希： どうしてですか。ミンジュンさん全然太っていません。
ミンジュン： 最近お腹がちょっと…。
　　真希： 運動はしないんですか。
ミンジュン： 運動はあまり好きじゃありません。
　　真希： 食事には気を使っているんですか。
ミンジュン： はい。お菓子を食べません。

- □ 다이어트 중　ダイエット中
- □ 뚱뚱하다　太っている
- □ 별로　あまり
- □ 왜　なぜ
- □ 요즘　最近
- □ 신경을 쓰다　気をつかう
- □ 하나도　ひとつも、全然
- □ 배　お腹
- □ 과자　お菓子

point 29　～ません（後置否定）

語幹 + 지 않습니다

❶ ただし次の3つの用言は対になる否定語を持つので、지 않습니다を使いません。

이다（である）　　　　　⇔ 아니다（ではない）　　（8,9課を参照）

있다（ある、いる）　　　⇔ 없다（ない、いない）　（11課を参照）

알다（知っている、わかる）⇔ 모르다（知らない、わからない）

これは**point30**の前置否定안～についても同様です。

練習1 例にならって次の用言を否定文にしましょう。

例 하다（する） → 하지 않습니다.

① 가다（行く）　→ ＿＿＿＿＿＿＿＿＿

② 먹다（食べる）　→ ＿＿＿＿＿＿＿＿＿

③ 받다（もらう）　→ ＿＿＿＿＿＿＿＿＿

④ 멀다（遠い）　→ ＿＿＿＿＿＿＿＿＿

⑤ 있다（ある）　→ ＿＿＿＿＿＿＿＿＿

練習2 例にならって「いいえ」で返事をしましょう。

例 합니까?（しますか） → 아니요, 하지 않습니다.

① 옵니까?（来ますか）　　→ ＿＿＿＿＿＿＿＿＿

② 줍니까?（あげますか）　→ ＿＿＿＿＿＿＿＿＿

③ 좋습니까?(良いですか) → _____

④ 멉니까?(遠いですか) → _____

⑤ 학생입니까?(学生ですか) → _____

point 30 〜ません（前置否定）

합니다（します）⇨ 안 합니다（しません）

❶会話では用言の前に안を置くこの前置否定文がよく使われます。

❷출발하다（出発する）や공부하다（勉強する）のように、名詞＋하다からなる動詞は、출발(을) 안 합니다, 공부(를) 안 합니다のように안が名詞と하다の間に割って入る形になります。

❸速く発音されると、前置否定안と母音始まりの用言の間で連音化が起きたり（例：안 옵니다 アノムニダ）、ㄱㄷㅂㅈ始まりの用言では有声音化が起きたり（例：안 갑니다 アンガムニダ）します。また안に続くㅎの音が聞こえなくなることも多いです（例：안 합니다 アナムニダ）。

練習3 音声を聞いて（ ）の中に用言を書き入れ、完成した文を日本語に訳しましょう。

◀ 089

┌───┐
│ □학교 学校　　□비 雨　　□기분 気分 │
└───┘

① 학교에 안 ( ).

_____

② 텔레비전을 안 ( ).

_____

③ 비가 안 ( ).

_____

④ 기분이 안 (　　　　　　).

_____

⑤ 공부를 안 (　　　　　　).

_____

練習4　音声を聞いて、유미さん、유리さんがA～Dのどの絵の人物なのか答えましょう。

🔊 090

┌───┐
□머리 髪の毛　　　□길다 長い　　　□눈 目　　□좋다 良い
□안경을 쓰다 めがねをかける　　　□키가 작다 背が低い　　□키가 크다 背が高い
└───┘

A　　　　　　B　　　　　　C　　　　　　D

유미 (　　) 　　　유리 (　　)

さらにポイント

┌───┐
── 지の発音 ──

　後置否定形-지 않다の지は、直前の音によって[지][치][찌]と3種類の発音に分かれます。

母音、ㄹパッチム＋지　　　　　　　　→ [지]　오**지** 않다　놀**지** 않다
ㅎパッチム、ㅎを含む複パッチム＋지 → [치]　좋**지** 않다　잃**지** 않다
上記以外のパッチム＋지 → [찌]　먹**지** 않다　신**지** 않다　읽**지** 않다
└───┘

제 **18** 과

今何していますか

🔊 091

민준 : 여보세요. 마키 씨예요? 지금 뭐 해요?

마키 : 숙제해요.

민준 : 지금 좀 나와요. 같이 떡볶이나 먹어요.

마키 : 미안해요. 오늘은 안 돼요.

　　　숙제가 많아요.

민준 : 그래요…. 그럼, 내일 학교에서 봐요.

마키 : 네. 그럼, 끊어요.

ミンジュン：もしもし。真希さんですか。今何していますか。

　　真希：宿題しています。

ミンジュン：今ちょっと出てきてくださいよ。いっしょにトッポッキでも食べましょう。

　　真希：ごめんなさい。今日はだめです。

　　　　　宿題が多いんです。

ミンジュン：そうですか…。じゃ、明日学校で会いましょう。

　　真希：ええ。じゃ、（電話）切りますね。

単語と表現

□여보세요 もしもし　　□숙제 宿題　　　　　□많다 多い
□나오다 出てくる　　　□-나/이나 ～でも　　□안 되다 だめだ
□그래요 そうです(か)　□보다 見る、会う　　□끊다 （電話を）切る

point 31　文法用語（２）

陽母音：ㅏ, ㅑ, ㅗの母音　　　陰母音：ㅏ, ㅑ, ㅗ以外の母音
陽母音語幹　　　　　　　　　　陰母音語幹
　：最後の母音が陽母音の語幹　　：最後の母音が陰母音の語幹

point 32　해요体の作り方

陽母音語幹（ㅏ, ㅑ, ㅗ）＋ **아요**
陰母音語幹（その他）　　＋ **어요**

❶하다の해요体は **해요** という変則的な形になります。

❷이다, 아니다の해요体も変則的な形 **예요/이에요, 아니에요** となります（第9課
を参照）。

練習1 次の用言を해요体にしましょう。

① 먹다（食べる）　　　　　　　　② 받다（もらう）

③ 좋다（良い）　　　　　　　　　④ 웃다（笑う）

⑤ 만들다（作る）

point 33 縮約

母音語幹のなかには、語幹末母音と해요体語尾の間で音を縮める「縮約」という現象を起こすものがあります。

(1) 語幹末母音が ㅏ, ㅓ, (ㅕ, ㅐ, ㅔ) → 해요体語尾 아요/어요 の 아/어 が消える

$$語幹 + 요$$

(2) 語幹末母音が ㅗ, ㅜ, ㅣ

→ 語幹末母音と해요体語尾の 아/어 の音を合わせて一文字で書く

ㅗ + ㅏ요 ⇒ ㅘ요
ㅜ + ㅓ요 ⇒ ㅝ요
ㅣ + ㅓㅛ ⇒ ㅕ요

❶ 되다(なる)の해요体は、되+어요を縮約して**돼요**という形になります。

練習2 縮約に注意しながら、次の用言を해요体にしましょう。

① 가다(行く) _____

② 서다(立つ) _____

③ 오다(来る) _____

④ 배우다(習う) _____

⑤ 마시다(飲む) _____

練習3 次の해요体の原形を書きましょう。

① 알아요(知っています) _____

② 찍어요(撮ります) _____

③ 사요(買います) _____

④ 보여요(見えます) _____

⑤ 나와요(出てきます) _____

練習4 今夜はなぜ時間が無いのでしょうか。音声を聞いてその理由を書きましょう。 🔊 092

□오늘 저녁 今夜　□손님 お客　□시험 試験　□준비 準備　□내일 明日
□아빠 パパ　□-하고 ～と　□영화 映画　□학원 塾　□다니다 通う　□영어 英語

① _____ から。

② _____ から。

③ _____ から。

④ _____ から。

⑤ _____ から。

練習5 次の文を日本語に訳しましょう。

□좀 ちょっと　　□말 ～のこと　　□화면 画面　　□잘 よく　　□보이다 見える
□이런 こんな　　□게 것이(ことが)の会話形　　□한두 번 1, 2回、1度や2度
□자꾸 何度も　　□고장(이) 나다 故障する　　□어떡하다 どうする
□그럼 では　　□주인 主人、大家

🔊 **093**

① **마키** : 이거 좀 봐요.

② **민준** : 이 TV 말이에요?

③ **마키** : 네. 화면이 잘 안 보여요.
　　　　　이런 게 한두 번이 아니에요.

④ **민준** : 자꾸 고장이 나요?

⑤ **마키** : 네. 이거 어떡해요?

⑥ **민준** : 그럼 우리 주인한테 같이 가요.

① 真希　　　　: _____

② ミンジュン : _____

③ 真希　　　　: _____

　　　　　　　 _____

④ ミンジュン : _____

⑤ 真希　　　　: _____

⑥ ミンジュン : _____

小学校のときどんな子でしたか

🔊 094

민준 : 마키 씨는 초등학교 때 어땠어요?

마키 : 저요? 너무 활발했어요.

　　　남자애들하고도 자주 싸웠어요.

민준 : 마키 씨가요? 의외입니다.

마키 : 그래서 남자애들한테는 인기가 없었어요.

민준 : 그래요? 정말이에요?

ミンジュン： 真希さんは小学校のときどんなでしたか。

　　真希： 私ですか？ すごく活発でした。

　　　　　男の子ともしょっちゅうけんかしました。

ミンジュン： 真希さんが？ 意外です。

　　真希： だから男の子にはもてませんでした。

ミンジュン： そうなんですか。本当ですか。

□초등학교 小学校　　　□때 時　　　　□어땠어요 どうでしたか
□너무 すごく　　□활발하다 活発だ　　□남자애 男の子　　　　□자주 しょっちゅう
□싸우다 けんかする　　　□의외 意外　　□그래서 だから
□인기[끼]가 없다 もてない、人気がない　　　□정말 本当

point 34　過去形

$$陽母音語幹 + 았 + 습니다/어요$$

$$陰母音語幹 + 었 + 습니다/어요$$

❶過去の接辞 았/었 に続く해요体語尾は**常に어요**です。

❷해요体現在のときと同様に、語幹と 았/었 の間で縮約が起きます。

❸하다の過去形は、했습니다/했어요 です。

練習 1 次の用言を過去形（합니다体）にしましょう。

① 받다（もらう）　＿＿＿＿＿＿＿＿＿＿＿＿

② 먹다（食べる）　＿＿＿＿＿＿＿＿＿＿＿＿

③ 보다（見る）　＿＿＿＿＿＿＿＿＿＿＿＿

④ 타다（乗る）　＿＿＿＿＿＿＿＿＿＿＿＿

⑤ 배우다（習う）　＿＿＿＿＿＿＿＿＿＿＿＿

⑥ 기다리다（待つ）　＿＿＿＿＿＿＿＿＿＿＿＿

point 35　指定詞**이다, 아니다**の過去形

	이다	아니다
母音終わりの名詞＋	**-였**어요	**-가 아니었**어요
子音終わりの名詞＋	**-이었**어요	**-이 아니었**어요

❶指定詞이다, 아니다に았/었をつけたとき、母音終わりの名詞＋이다以外は縮約をしません。

❷합니다体過去の場合は、上の表の해요体語尾어요を습니다に置き換えてください。

練習2 音声のあとについて、用言の原形、해요体の現在形、過去形で言ってみましょう。

🔊 095

	原形	現在形	過去形
知っている	알다	알아요	알았어요
行く	가다	가요	갔어요
来る	오다	와요	왔어요
飲む	마시다	마셔요	마셨어요
する	하다	해요	했어요
違う	아니다	아니에요	아니었어요

練習3 例にならって否定文で返事をしましょう。

□표 チケット　　　　□사다 買う　　□책 本　　　　　　□점심 昼ごはん
□결혼하다 結婚する　□회의 会議　　□시작되다 始まる

例 표를 샀습니까?　　　　—— <u>사지 않았습니다.</u>

① 이 책을 읽었습니까?　—— _____

② 점심 먹었어요?　　　　—— _____

③ 결혼했습니까?　　　　—— _____

④ 회의가 시작됐습니까?　—— _____

⑤ 지연 씨는 왔어요?　　—— _____

練習4 音声を聞いて行動の順番をかっこの中に書きましょう。　🔊 **096**

□어제 昨日　　□오전 午前　　□오후 午後　　□그리고 それから
□영화 映画　　□포장마차 屋台　　□사전을 찾다 辞書をひく　　□먼저 まず、先に
□결국 結局　　□인터넷 インターネット　　□검색하다 検索する　　□물어보다 尋ねる
□일어나다 起きる　　□마시다 飲む　　□신문 新聞　　□다음 次
□씻다 洗う、シャワーする　　□나오다 出る、出てくる

---

① 영화를 보다　　　　　　　（　　　）

　떡볶이를 먹다　　　　　　（　　　）

　친구를 만나다　　　　　　（　　　）

　책을 읽다　　　　　　　　（　　　）

② 친구한테 물어보다　　　　（　　　）

　사전을 찾다　　　　　　　（　　　）

　인터넷에서 검색하다　　　（　　　）

③ 커피를 마시다　　　　　　（　　　）

　신문을 보다　　　　　　　（　　　）

　씻다　　　　　　　　　　　（　　　）

さらにポイント

―― **否定＋過去　－지 않았습니다/않았어요** ――

　否定と過去をひとつにした**－지 않았습니다/않았어요**は「～しませんでした」という日本語だけでなく、「(まだ) ～していません」という日本語にも当たります。

　　例1　**어제는 점심을 먹지 않았어요.**
　　　　　昼日は昼ご飯を食べませんでした。

　　例2　**점심은 먹었어요?　――아직 먹지 않았어요.**
　　　　　昼ご飯は食べましたか。　　――まだ食べていません。

ここにはよく来られるんですか

🔊 097

마키 : 어머? 서연 언니, 여기 웬일이세요?

　　　혼자 드세요?

서연 : 아니에요. 친구하고 같이 왔어요.

마키 : 여기는 자주 오세요?

서연 : 네, 가끔 와요.

마키 : 근데 친구 분은 어디 계세요?

서연 : 아, 화장실에…

　　　저기 오네.

真希 : あら、ソヨンさん。こんなところでどうしたんですか。
　　　ひとりで召し上がっているんですか。
ソヨン : いいえ。友だちといっしょに来たんですよ。
真希 : ここにはよく来られるんですか。
ソヨン : ええ、たまに来ます。
真希 : ところで、お友だちはどこにいらっしゃるんですか。
ソヨン : ああ、お手洗いに…
　　　ほら、来るわ。

□어머 あら □웬일 どうしたこと □혼자 ひとりで □-하고 ～と
□자주 しょっちゅう □가끔 たまに □근데 でも、ところで □저기 あそこ
□-네 ～ね、～わ（軽い感嘆）

point 36 敬語

尊敬の補助語幹시を語幹の後ろに接続することで、敬語形を作ります。

母音語幹、ㄹ語幹 ＋ **시** （ㄹ語幹のㄹパッチムは消える）

子音語幹　　　　＋ **으시**

	합니다体	해요体
現在	～(으)십니다	～(으)세요
過去	～(으)셨습니다	～(으)셨어요

❶시＋어요（해요体語尾）は셔요ではなく세요という変則的な形になります。

point 37 特別な敬語形を持つ用言

있다（いる）　　⇔　계시다（いらっしゃる）

먹다（食べる）・마시다（飲む）

　　　　　　　⇔　드시다（召し上がる）

자다（寝る）　　⇔　주무시다（お休みになる）

말하다（言う）　⇔　말씀하시다（おっしゃる）

죽다（死ぬ）　　⇔　돌아가시다（お亡くなりになる）

❶これら特別な敬語形の語幹に含まれる시は、尊敬の시由来のものなので、해요体は-세요という形になります（例：계시다 → 계세요、드시다 → 드세요）。

❷있다は「いる」の意味で使われている場合のみ敬語形계시다になります。있다が「ある」の意味で使われている場合は、시を用いた規則的な敬語形있으십니다/있으세요となります。

練習1 次の用言に①〜④は(으)십니다、⑤〜⑧は(으)세요の語尾をつけなさい。またできあがった敬語形を日本語に訳しましょう。

	敬語形	日本語訳
① 하다(する)	( )	
② 좋다(良い)	( )	
③ 만들다(作る)	( )	
④ 마시다(飲む)	( )	
⑤ 오다(来る)	( )	
⑥ 읽다(読む)	( )	
⑦ 알다(知っている)	( )	
⑧ 자다(寝る)	( )	

練習2 質問の文が完成するよう、かっこの中に敬語を使った適当なフレーズを入れましょう。

□지하철 地下鉄　　□지금 今　　□시간 時間

① 일본에서 (　　　　　　　　)?　—— 네, 일본에서 왔습니다.

② 지하철로 (　　　　　　　　)?　—— 네, 지하철로 가요.

③ 그 사람 (　　　　　　　　)?　—— 네, 그 사람 알아요.

④ 지금 집에 (　　　　　　　　)?　—— 네, 집에 있습니다.

⑤ 시간 (　　　　　　　)?　—— 네, 시간 있어요.

point 38　慣用的な敬語表現

−가/이 어떻게 되십니까/되세요?

〜をうかがってもよろしいでしょうか？

❶「−가/이 어떻게 되십니까/되세요?」という文型は、名前や年齢などを非常に丁寧に相手に聞く表現になります。直訳は「〜がどうなっていますか」。

❷−가/이の前に来る名詞も、이름(名前) → 성함(お名前)、나이(歳) → 연세(ご年齢) のように丁寧語が用いられることが多いです。

練習 3 右側の返事を引き出すような敬語の入った丁寧な質問文を、書きましょう（文末は해
요体にしてください）。

> □ 회사원　会社員　　　□ 한국 음식　韓国料理　　　□ 전화번호　電話番号

① (　　　　　　　　　　　　　) ── 회사원입니다.

② (　　　　　　　　　　　　　) ── 21살이에요.

③ (　　　　　　　　　　　　　) ── 네, 한국 음식은 잘 먹어요.

④ (　　　　　　　　　　　　　) ── 히라노라고 합니다.

⑤ (　　　　　　　　　　　　　) ── 제 전화번호는 1234-5678입니다.

練習 4 현우さんがある飲食店に予約の電話をしたところ、店員からいくつか質問がありまし
た。音声を聞いてどのように答えたか日本語で答えましょう。　　　　　🔊 098

> □ 몇 분　何名さま　　　□ 성함　お名前　　　□ 연락처　連絡先　　　□ 전화번호　電話番号

①

②

③

④

さらにポイント

── 否定、過去、敬語の順序 ──

　ここまで、文体を表す ㅂ니다/습니다あるいは아요/어요、否定の지 않、過去の았/었、尊
敬の시/으시など語幹の後につけるいくつかの接辞を習ってきましたが、これらの接辞を並べ
る順番ははっきりと決まっています。すべての接辞を用いた場合、次のような順序になります。

語幹 ＋ 否定 ＋ 敬語 ＋ 過去 ＋ 文体
　　　　지 않　　시/으시　　았/었　　ㅂ니다/습니다あるいは아요/어요

제 **21** 과

ご飯食べて行ってください

🔊 099

민준 : 마키 씨, 밥 먹고 가세요.

마키 : 아니요. 너무 늦었어요.

　　　 버스 타고 갈게요.

민준 : 버스는 시간도 걸리고

　　　 여기서 버스정류장까지 멀어요.

　　　 내가 하숙집까지 데려다줄게요.

마키 : 고마워요.

ミンジュン： 真希さん、ご飯食べて行ってください。
　　真希： いいえ。すごく遅くなりました。
　　　　　 バスに乗って帰ります。
ミンジュン： バスは時間もかかるし、
　　　　　 ここからバス停まで遠いです。
　　　　　 ぼくが下宿まで送ってあげます。
　　真希： ありがとう。

84 (팔십사)

□늦다 遅れる、遅くなる　□타다 乗る　　□-ㄹ게요/을게요 １人称の意志を表す語尾
□걸리다 かかる　　　　□버스정류장 バス停　□멀다 遠い
□하숙집 下宿屋　　　　□데려다주다 送ってあげる

point 39　～してください（指示・勧め）

母音語幹、ㄹ語幹 ＋ **세요**（ㄹ語幹のㄹパッチムは消える）

子音語幹　　　　　＋ **으세요**

❶尊敬の補助語幹「시」＋해요体の語尾「어요」である「세요」は丁寧な命令「～してください」の意味でよく使われます。勧めてあげたり、教えてあげたり、指示してあげるときの「（ぜひ、どうぞ）～してください」に세요の語尾が使われます。

❷日本語の「どうぞ」が韓国語で세요/으세요に当たることがよくあります。たとえば椅子を指して「どうぞ」＝「앉으세요（座ってください）」、コーヒーを出しながら「どうぞ」＝「드세요（召し上がってください）」、ノックの音に対して「どうぞ」＝「들어오세요（入ってください）」などです。

練習1 文末を세요/으세요の語尾に変え、完成した文を日本語に訳しましょう。81頁の**point37**を参考にしてください。

□어서 速く、さあどうぞ　□안녕히 お元気で、ご無事に　□많이 たくさん
□천천히 ゆっくり

① 어서 오다　　→（　　　　　　　　　）＿＿＿＿＿＿＿＿＿＿＿

② 안녕히 가다　→（　　　　　　　　　）＿＿＿＿＿＿＿＿＿＿＿

③ 안녕히 있다　→（　　　　　　　　　）＿＿＿＿＿＿＿＿＿＿＿

④ 많이 먹다　　→（　　　　　　　　　）＿＿＿＿＿＿＿＿＿＿＿

⑤ 천천히 말하다 →（　　　　　　　　　）＿＿＿＿＿＿＿＿＿＿＿

point 40 ～して

語幹 + 고　～して、～たり、～し

❶ 고は、「部屋が広くてきれいだ」や「韓国にもあるし日本にもある」のようにふたつを同列に並べたり、「朝ごはんを食べて出かける」「本を読んで感想を書く」のように「Aをして（それから、その後で）Bをする」という時間順に行動を述べたりする場合に使われる接続語尾です。

❷ 日本語の「～たり～たり」に当たる表現は、「A도 −고　B도 −하다」というパターンで表されることがよくあります（例：일요일에는 집 청소도 하고 빨래도 합니다. 日曜日は家の掃除をしたり洗濯をしたりします）。

練習2 例にならって、A고 B세요（AしてBしてください）という文型にしましょう。

> □택시 タクシー　　□타다 乗る　　□안경을 쓰다 眼鏡をかける　　□읽다 読む
> □가지다 持つ　　□듣다 聞く　　□대답하다 答える

例 저녁을 먹다 + 가다　　→　저녁을 먹고 가세요.

① 택시를 타다 + 가다　　→　_____

② 교과서를 보다 + 공부하다　→　_____

③ 안경을 쓰다 + 읽다　　→　_____

④ 사전을 가지다 + 오다　　→　_____

⑤ CD를 듣다 + 대답하다　　→　_____

練習3 何かを勧めていますがその理由は何でしょうか。音声を聞いて下から２つずつ選び記号で答えましょう。 🔊 **100**

> □옷 服　□-로/으로 하다 ～にする　□값 値段　□싸다 安い
> □시내 市内、街中　□멀다 遠い　□식당 食堂、飲食店　□비싸다 (値段が)高い
> □요리 料理　□맵다 辛い　□과자 お菓子　□양 量　□많다 多い

A 値段が安い　　　B きれいだ　　　C おいしい　　　D 量が多い
E 辛い　　　　　　F 辛くない　　　G 街中に近い

① (　　　) (　　　)　　② (　　　) (　　　)　　③ (　　　) (　　　)

④ (　　　) (　　　)　　⑤ (　　　) (　　　)

練習4 音声を聞いて会話の内容にもっとも合う絵を選びましょう。 🔊 **101**

> □어떻게 どうやって　□그럼 じゃ、では　□신문 新聞　□사실은 実は
> □듣다 聞く　□그렇군요 そうなんですか　□우리말 私たちの言葉＝韓国語
> □혼자서 １人で　□화장 化粧　□나가다 出かける
> □난 私は (나는の会話形)　□그래도 それでも　□좀 ちょっと　□빗다 (髪を)梳く
> □모자 帽子　□쓰다 かぶる

① a　　　　　　　b　　　　　　　c

② a　　　　　　　b　　　　　　　c

③ a　　　　　　　b　　　　　　　c

一度履いてみられますか

🔊 102

마키 : 저기요. 청바지는 없어요?

점원 : 청바지는 이쪽에 있습니다.

한번 입어 보시겠어요?

마키 : 네. 이것도 입어 보고 싶은데요

점원 : 그렇게 하세요.

어떠세요? 마음에 드십니까?

마키 : 네. 이걸로 하겠어요

점원 : 감사합니다. 카드로 하시겠습니까?

真希 : すいません。ジーンズはありませんか。
店員 : ジーンズはこちらにあります。
　　　　一度履いてみられますか。
真希 : ええ。これも履いてみたいんですが。
店員 : ええ、どうぞ。
　　　　いかがですか、お気に召しましたか?
真希 : はい、これにします。
店員 : ありがとうございます。(支払いは) カードになさいますか?

□청바지 ジーンズ　　　□이쪽 こちら、こっち　　　□입어 보다 着てみる、履いてみる
□-고 싶다 ～したい　　□-은데요 ～んですが
□그렇게 하세요 どうぞ (そうなさってください)
□어떠세요 いかがですか ←어떻다(どうだ) + 세요　　　□마음에 들다 気にいった
□-로/으로 하다 ～にする

point 41　意志・推量

語幹 + **겠** + **습니다/어요** ～します（意志）、～でしょう

❶겠は意志や推量を表します。意志の表現としては、これから自分がどうしようと
思っているかをひかえめに述べたり、または相手がどうしたいと思っているかを
丁寧に聞いたりするときに挿入されます。推量の表現としては、たとえば天気予
報で「明日は晴れるでしょう」の「でしょう」に当たるのがこの겠です。

❷21課の本文で出てきたㄹ게요も意志を表す表現でしたが、겠습니다/겠어요の
方がより丁寧でかしこまった感じがする表現です。また、ㄹ게요/을게요は一人
称主語「私は、私が」限定でしか使えなかったのに対し、겠は聞き手の意志を聞
く時にも使えます。

❸形容詞の語幹＋겠다は、맛있겠다「おいしそう」のように独り言で「～そう」と
いう場合に使われます。

練習1 例にならって겠を挿入しましょう。

㋲제가 갑니다.　　→ 제가 가**겠습**니다.

① 제가 합니다.　　→ 제가 (　　　　　　　　　　).

② 제가 먹습니다.　→ 제가 (　　　　　　　　　　).

③ 제가 만듭니다.　→ 제가 (　　　　　　　　　　).

④ 제가 읽습니다.　→ 제가 (　　　　　　　　　　).

⑤ 제가 봅니다.　　→ 제가 (　　　　　　　　　　).

point 42

～したい

語幹 + 고 싶다　～したい

싶다は「～たい」に当たる表現ですが、必ず「語幹＋고」と接続します。고は「～
して」を意味する接続語尾として21課で習いましたが、ここでは싶다とセットにな
る慣用表現と考えてください。

練習2 何号線に乗ってどの駅で降りるのか聞き取りましょう。　　　　🔊 **103**

□ 호선 ～号線　　□ 역 駅　　□ 그럼 では　　□ 내리다 降りる

《ソウルの地下鉄路線中心部略図（一部省略）》

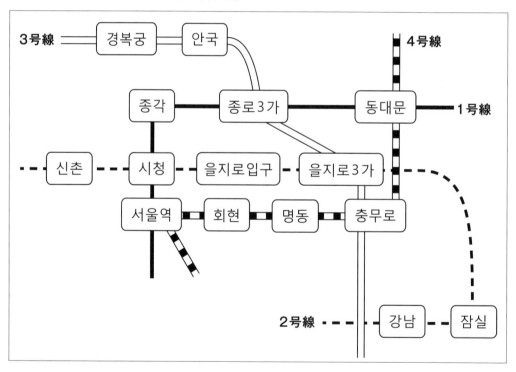

① 연세대학교 (延世大学)　　（　　　）号線（　　　　　　　）駅
② 인사동 (仁寺洞)　　　　　（　　　）号線（　　　　　　　）駅
③ 롯데마트 (ロッテマート)　（　　　）号線（　　　　　　　）駅
④ 남대문시장 (南大門市場)　（　　　）号線（　　　　　　　）駅
⑤ 롯데월드 (ロッテワールド)（　　　）号線（　　　　　　　）駅

練習3 例にならって、文体、時制、肯定否定、敬語の有無などはそのままに、文末に고 싶다を挿入しましょう。

> □타다 乗る　　□쉬다 休む　　□의사 医者　　□되다 なる　　□배우다 習う
> □일본말 日本語

⑩ 택시를 탔습니까?　　→　택시를 타고 싶었습니까?

① 한국에 가요　　　　　→　(　　　　　　　　　　　　　　)

② 좀 쉽니다　　　　　→　(　　　　　　　　　　　　　　)

③ 먹지 않아요　　　　→　(　　　　　　　　　　　　　　)

④ 의사가 됐어요　　　→　(　　　　　　　　　　　　　　)

⑤ 일본말을 배우세요?　→　(　　　　　　　　　　　　　　)

練習4 音声を聞いて会話の内容にもっとも合う絵を選びましょう。　🔊 104

> □힘들다 しんどい　　□도와주다 手伝ってあげる　　□애인 恋人　　□재미있다 面白い

①(　　　)　　②(　　　)　　③(　　　)　　④(　　　)

a　　　　　　　b　　　　　　　c　　　　　　　d

제 23 과

誤解しないでください

🔊 105

민준 : 마키 씨한테 친구를 소개하고 싶은데요.

마키 : 남자 분이에요?

민준 : 네, 별로 유머 감각은 없지만

　　　 성격이 아주 좋아요.

마키 : 혹시 소개팅이에요?

민준 : 아, 아니에요. 오해하지 마세요.

　　　 그냥 친구로…

마키 : 네, 그럼 만나 볼게요.

ミンジュン： 真希さんに友達を紹介したいんですが。

　真希： 男の方ですか？

ミンジュン： はい、あまり笑いのセンスは無いんですが、性格がとても良いんです。

　真希： ひょっとして「お見合いデート」ですか。

ミンジュン： い、いいえ。誤解しないでください。

　　　　　　単に友だちとして…

　真希： ええ、じゃ会ってみます。

単語と表現

□소개하다 紹介する　　□-은데요 ～んですが　　□남자 분 男の方
□별로 あまり　　□유머 감각 ユーモア感覚、笑いのセンス　　□성격 性格
□혹시 ひょっとして　　□소개팅 合コン、友だちの紹介によるお見合いデート
□오해하다 誤解する　　□그냥 単に　　□-로/으로 ～として　　□만나 보다 会ってみる

point 43

～しないでください

語幹 + 지 마세요　～しないでください

21課で習った 세요/으세요「～してください」と対になる否定の表現です。지は 지 않다（～しない）の 지 と同じく用言を否定表現につなぐための接辞です。

練習1 지 마세요を使って、絵に合うフレーズを作りましょう。

□울다 泣く　　□웃다 笑う　　□싸우다 けんかする

① (　　　　　　　　) ② (　　　　　　　　) ③ (　　　　　　　　)

④ (　　　　　　　　) ⑤ (　　　　　　　　) ⑥ (　　　　　　　　)

point 44

～が、けれども

語幹（＋**았/었**） ＋ **지만** ～が、けれども

지만は逆説の「～が、けれども」を意味します。21課の会話文、そしてこの課の会話文でも出てきた은데「～んですが」が前置きや前提を表したのに対して、지만は「～が、しかし」という逆説の意味です。

練習2 지만を使って2つの文を1つにし、完成した文を日本語に訳しましょう。

```
□휴대폰 携帯電話     □놀다 遊ぶ      □내일 明日       □시험 試験
□비 雨              □춥다 寒い       □차린 건 ごちそうは  □많이 たくさん
□엄마 ママ           □용돈 おこづかい   □받다 もらう      □벌써 もう
```

① 미안합니다 ＋ 여기서 휴대폰을 쓰지 마세요

→ (   )

___

② 놀고 싶습니다 ＋ 내일 시험이 있습니다.

→ (   )

___

③ 비가 와요 ＋ 춥지 않아요

→ (   )

___

④ 차린 건 없습니다 ＋ 많이 드세요

→ (   )

___

⑤ 엄마한테 용돈을 받았어요 + 벌써 없어요

→ (   )

練習3 お勧めしない理由を聞き取りなさい　　　　　　　　　　　🔊 106

□사다 買う　　□값[갑] 値段　　□옷 服　　　□작다 小さい　　□과자 お菓子
□양 量　　　　□방 部屋　　　□멀다 遠い　　□영화 映画　　　□인기[인끼] 人気
□재미없다 面白くない

	良い点		悪い点
①（キムチ）	_____	けれども	_____
②（服）	_____	けれども	_____
③（お菓子）	_____	けれども	_____
④（部屋）	_____	けれども	_____
⑤（映画）	_____	けれども	_____

さらにポイント

—— 않다と말다 ——

　지 마세요「〜しないでください」という表現は、動詞말다「〜するのをやめる」に세요の語尾がついたものです。해요体はイントネーション次第で命令の意味にもなると説明しましたが、否定表現の場合は注意が必要です。말다の代わりに않다を使って지 않으세요と表現しても「〜しないでください」という命令の意味にはなりません。韓国語では否定の命令表現に、않다ではなく必ず말다を使わなければならないという規則があるのです。

例1　보지 마세요.　　見ないでください。
例2　보지 않으세요.　ご覧になりません。（×見ないでください）

ヨイドに行ったことがありますか

🔊 107

민준 : 마키 씨는 여의도에 가 봤어요?

마키 : 네, 한번 가 봤어요.

　　　벚꽃이 너무 예뻤어요.

민준 : 여의도에는 한강 유람선도 있어요.

　　　유람선을 타 보고 싶지 않아요?

마키 : 네, 꼭 한번 타 보고 싶어요.

민준 : 밤에는 경치도 더 좋고

　　　분수쇼도 멋있어요.

ミンジュン： 真希さんはヨイドに行ったことがありますか。

　　　真希： ええ、一度行ったことがあります。

　　　　　　桜がすごくきれいでした。

ミンジュン： ヨイドには漢江遊覧船もあります。

　　　　　　遊覧船に乗ってみたくありませんか。

　　　真希： はい、ぜひ乗ってみたいです。

ミンジュン： 夜は景色もさらに良いし、噴水ショーも素敵ですよ。

□여의도 ヨイド（汝矣島）、ソウルにある地名　　□가 보다 行ってみる、行ったことがある
□한번 一度　　　　□벚꽃 桜の花　　　　□예쁘다 きれいだ
□한강 漢江（ソウルの中心を流れる川）　□유람선 遊覧船　　　□뜨다 出発する
□타다 乗る　　　□꼭 ぜひ、きっと　　　□밤 夜　　　　　　□경치 景色
□더 さらに　　　□분수 噴水　　　　　□쇼 ショー　　　　　□멋있다 素敵だ

point 45

～してみる

陽母音語幹 + **아 보다**
陰母音語幹 + **어 보다** ～してみる

❶語幹＋아/어は**連用形**と呼ばれる形式で、助動詞などの他の用言とつなぐときの形
です。

❷語幹＋아/어 보다は、過去形で用いると「～したことがある」という意味になる
ことがあります。

練習1 次の文に助動詞 보다（～してみる、したことがある）を挿入しましょう。

□먼저 先に　　　□아직 まだ　　　□좀 ちょっと

① 먼저 가겠습니다.　→

② 아직 안 먹었어요.　→

③ 이거 좀 보세요.　　→

④ 제가 만들겠어요.　→

⑤ 저도 하고 싶어요.　→

練習2 例にならって、「いいえ、まだ〜していませんが、一度〜したいです」と答えましょう。

□아직 まだ   □하지만 けれども   □한번 一度   □쓰다 使う

㋑읽어 봤어요?

　　— 아니요, (**아직 안 읽어 봤지만 한번 읽어보고 싶어요**).

① 해 봤어요?

　　— 아니요, (　　　　　　　　　　　　　　　　　　　　).

② 가 봤어요?

　　— 아니요, (　　　　　　　　　　　　　　　　　　　　).

③ 먹어 봤어요?

　　— 아니요, (　　　　　　　　　　　　　　　　　　　　).

④ 봐 봤어요?

　　— 아니요, (　　　　　　　　　　　　　　　　　　　　).

⑤ 써 봤어요?

　　— 아니요, (　　　　　　　　　　　　　　　　　　　　).

point 46 으語幹

　語幹 　□ ＋ ㅏ / ㅓ
　　　　　→ 消える

① 語幹が1音節
　語幹の으が脱落 → **어요、었、어**を接続

② 語幹が2音節以上
　語幹の으が脱落 → 残った最後の母音で陰陽を判断

　　　　　→ **아요/어요、았/었、아/어**を接続

❶ 語幹の最後が母音ーで終わる用言は、해요体語尾아요/어요や過去の接辞았/었、
連用形語尾아/어と接続する際、このーが消えてしまいます。

❷ ーが消えた後、語幹末に陽母音が残る語幹には ㅓ（어요, 었, 어）ではなく ㅏ
（아요, 았, 아）を接続します。

練習3 次の用言を해요体現在形にしましょう。

① 아프다(痛い、病気だ) →＿＿＿＿＿＿＿＿＿＿＿＿＿＿＿＿＿＿

② 예쁘다(きれいだ) →＿＿＿＿＿＿＿＿＿＿＿＿＿＿＿＿＿＿

③ 바쁘다(忙しい) →＿＿＿＿＿＿＿＿＿＿＿＿＿＿＿＿＿＿

④ 크다(大きい) →＿＿＿＿＿＿＿＿＿＿＿＿＿＿＿＿＿＿

⑤ 나쁘다(悪い) →＿＿＿＿＿＿＿＿＿＿＿＿＿＿＿＿＿＿

⑥ 고프다(お腹が空いている) →＿＿＿＿＿＿＿＿＿＿＿＿＿＿＿＿

練習4 「～したい」と言った理由を聞き取り日本語で書きましょう。　🔊108

□좀 ちょっと　　□쉬다 休む　　□바쁘다 忙しい　　□식사 食事　　□배 お腹
□고프다 空いている　□집 家　　□아프다 痛い　　□이야기 話　　□기분 気分
□나쁘다 悪い　　□사다 買う　　□너무 すごく　　□예쁘다 きれいだ

---

① ＿＿＿＿＿＿＿＿＿＿＿＿＿＿＿＿＿＿＿＿　ので、ちょっと休みたい。

② ＿＿＿＿＿＿＿＿＿＿＿＿＿＿＿＿＿＿＿＿　ので、食事したい。

③ ＿＿＿＿＿＿＿＿＿＿＿＿＿＿＿＿＿＿＿＿　ので、家に帰りたい。

④ ＿＿＿＿＿＿＿＿＿＿＿＿＿＿＿＿＿＿＿＿　ので、話をしたくない。

⑤ ＿＿＿＿＿＿＿＿＿＿＿＿＿＿＿＿＿＿＿＿　ので、これを買いたい。

ちょっと教えてください

🔊 109

마키 : 민준 씨, 하나 좀 가르쳐 주세요.

민준 : 네. 뭐예요?

마키 : 한국에서는 각자 부담은 전혀 안 해요?

민준 : 각자 부담?

　　　 한국에서는 그런 습관이 없어요.

　　　 데이트 비용은 보통 남자가 내요.

마키 : 그래도 가끔은 제가 내고 싶어요.

　　　 오늘은 제가 떡볶이를 살까요?

　真希 : ミンジュンさん、ちょっと教えてください。

ミンジュン : はい、何でしょうか。

　真希 : 韓国では割り勘は全然しないんですか。

ミンジュン : 割り勘？

　　　　　 韓国ではそんな習慣がありません。

　　　　　 デート代はふつう男が払います。

　真希 : でもたまには私が払いたいです。

　　　　 今日は私がトッポッキをおごりましょうか？

- □가르치다 教える
- □각자 부담 割り勘（各自負担）
- □전혀 全然
- □그런 そんな
- □습관 習慣
- □데이트 デート
- □비용 費用
- □보통 ふつう
- □내다 払う、出す
- □그래도 でも
- □가끔은 たまには
- □사다 おごる

point 47

～ましょうか？

母音語幹、ㄹ語幹 ＋ **ㄹ까요?**
ㄹ語幹のㄹは脱落

子音語幹 ＋ **을까요?**

～ましょうか
～でしょうか

「私がやりましょうか」と提案したり、「良いでしょうか」とひかえめな感じで聞いたりするときの「～ましょうか・でしょうか」に当たるのがㄹ까요/을까요?という文末表現です。

練習1 ひかえめな問いかけになるよう、文末をㄹ까요/을까요?に書き換えましょう。

- □문제 問題
- □요즘 最近
- □바쁘다 忙しい
- □키 背、身長
- □크다 大きい
- □멀다 遠い

① 뭐가 좋아요?　→　(　　　　　　　　　　　)

② 문제가 있어요? →　(　　　　　　　　　　　)

③ 요즘 바빠요?　→　(　　　　　　　　　　　)

④ 키가 커요?　　→　(　　　　　　　　　　　)

⑤ 여기서 멀어요? →　(　　　　　　　　　　　)

point 48

~してください（お願い）

陽母音語幹 + **아 주세요**

陰母音語幹 + **어 주세요**　　~してください

❶21課で習った「語幹＋세요/으세요」が指示や勧めの「（どうぞ）~してください」
だったのに対し、この「語幹＋아/어 주세요」はお願いの「（どうか）~してくだ
さい」です。はっきりと区別して使いましょう。

❷「語幹＋아/어 주세요」の否定形は「語幹＋지 말아 주세요　~しないでくださ
い」です。

練習2　文末を아/어 주세요に書き換えましょう。

> □뜻 意味　　□가르치다 教える　　□우산 傘　　□빌리다 貸す　　□천천히 ゆっくり
> □말하다 言う　　□사다 買う　　□사진 写真　　□찍다 撮る

① 뜻을 가르치다　→　(　　　　　　　　　　　　　　　　)

② 우산을 빌리다　→　(　　　　　　　　　　　　　　　　)

③ 천천히 말하다　→　(　　　　　　　　　　　　　　　　)

④ 떡볶이를 사다　→　(　　　　　　　　　　　　　　　　)

⑤ 사진을 찍다　　→　(　　　　　　　　　　　　　　　　)

練習3　指示・勧めの(으)세요を使うのか、お願いの아/어 주세요を使うのか考えながら、
下の会話の下線部を韓国語にしなさい。

> □웃다 笑う　　　□찾아보다 (辞書を) ひいてみる　　□대답하다 答える

A：すみません。写真撮ってください。　　　　　　　　　　(①　　　　　　　　　)

B：いいですよ。じゃ、撮りますね。笑ってください。　　(②　　　　　　　　　)

A：ありがとうございました。あ、東大門市場へはどう行ったらいいですか。

B：この道をまっすぐ行ってください。　　　　　　　　　(③　　　　　　　　　)

Ａ：先生、この単語の意味を<u>教えてください</u>。 　　　　(④ 　　　　　　　　)

Ｂ：一度自分で辞書を<u>ひいてみてください</u>。 　　　　(⑤ 　　　　　　　　)

Ａ：わかりました、先生。

Ｂ：では、さっきの質問に<u>答えてください</u>。 　　　　(⑥ 　　　　　　　　)

練習4 音声を聞いて誰が何をするのか線で結びましょう。　　　　🔊 **110**

> □요리을 하다 料理をする 　□음식을 만들다 料理を作る 　□청소 掃除
> □음료수〔飲料水〕飲み物 　□마트 スーパーマーケット 　□준비 準備
> □다 하다 終える 　□슬슬 そろそろ 　□시작하다 始める
> □피아노를 치다 ピアノを弾く

① 掃除をする 　　　・ 　　　　・ 유진

② スーパーに買い物 ・ 　　　　・ 현우

③ ピアノを弾く 　　・ 　　　　・ 민준

④ 料理を作る 　　　・ 　　　　・ 지은

　　　　　　　　　　　　　　　・ 마키

さらにポイント

―― **助動詞 주다** ――

주세요「ください」は、주다「あげる、くれる」に세요/으세요の語尾がついて命令の意味になった表現です。주다は주세요以外にも、-아/어 주다の形で助動詞として用いられます。

例1 친구한테 한국어를 가르쳐 **줬습니다.**
　　　友だちに韓国語を教えてあげました。

例2 형이 만화책을 빌려 **주지 않아요.**
　　　兄がマンガを貸してくれません。

제 26 과

忙しくて行けません

🔈 111

민준 : 마키 씨도 오늘 동아리에 갈 거예요?

마키 : 미안해요. 바빠서 못 가요.

민준 : 무슨 일이 있어요?

마키 : 내일 발표가 있어서 오늘 밤에는 좀…

민준 : 그래요? 제가 도와줄게요. 그러니까…

마키 : 음～. 마지막 발표만은 제가 혼자서

　　　하고 싶어요.

　　　아무튼 신경 써 줘서

　　　고마워요.

ミンジュン： 真希さんも今日のサークルに行くつもりですか。
　　真希： ごめんなさい。忙しくて行けません。
ミンジュン： 何か用があるんですか。
　　真希： 明日発表があるので今夜はちょっと…。
ミンジュン： そうですか。ぼくが手伝いますよ。だから…
　　真希： う～ん。最後の発表だけは私が一人でやりたいんです。
　　　　　でも、気をつかってくれてありがとう。

□동아리 サークル　　□−ㄹ/을 거예요　～するつもりです　　□무슨 何の、どんな

□일 事、仕事、用　　□내일 明日　　　　□발표 発表　　□밤 夜

□도와주다 手伝ってあげる　　□−ㄹ게요/을게요　～ますよ（一人称の意志を表す）

□그러니까 だから　　□음 う～ん　　　□마지막 最後　　□−만 ～だけ

□혼자서 一人で　　□아무튼 とにかく、いずれにせよ　　□신경(을) 쓰다 気をつかう

point 49　〜できません

前置否定文　**못** + 用言

後置否定文　語幹 + **지 못하다**

❶못を前に置く前置否定はもっぱら会話で用い、後置否定の語幹＋지 못하다は書き言葉でも用いられます。

❷못하다は[모타다]と発音します。

❸前置否定못が、운전하다（運転する）のように名詞＋하다の形の動詞とともに用いられるときは、하다の直前に못を置いて운전 못 하다と言います。

❹前置否定못の後に、ㄴ, ㅁ始まりの用言が来ると鼻音化が起き、못は[몬]と発音されます。못の後に母音아, 어, 오, 우, 으始まりの用言が来ると못のパッチムㅅではなく、その発音[몯]のㄷの音が連音化します。また、母音이, 야, 여, 요, 유始まりの用言が来ると、못と用言の間にㄴが挿入された発音となります（例：못 읽어요[몬닐거요]）。

練習1 音声を聞いて（　　）の中を埋めましょう。　　📢 **112**

□같이 いっしょに　　□내일 明日　　□술 お酒　　□옷 お服

① 떡볶이를 못 （　　　　　　　　　）

② 같이 못 （　　　　　　　）

③ 내일은 학교에 못 （　　　　　　　　）

④ 술은 못 （　　　　　　　）

⑤ 이 옷은 못 （　　　　　　　　）

時制・文体はそのままに 지 못하다を使って文末を書き換えましょう。

> □같이 いっしょに　　□피아노를 치다 ピアノを弾く　　□잘 うまく
> □메일 メール　　　　□받다 受け取る　　　　　□준비 準備

① 같이 갑니다

　→（　　　　　　　　　　　　　　　　　　　　　　　　　　　）

② 내일은 와요

　→（　　　　　　　　　　　　　　　　　　　　　　　　　　　）

③ 피아노를 잘 쳐요

　→（　　　　　　　　　　　　　　　　　　　　　　　　　　　）

④ 메일을 받았습니다

　→（　　　　　　　　　　　　　　　　　　　　　　　　　　　）

⑤ 준비했어요

　→（　　　　　　　　　　　　　　　　　　　　　　　　　　　）

point 50　〜して、ので

陽母音語幹 + **아서**

陰母音語幹 + **어서**　　〜して、〜ので

❶「雨が降って試合が延期された」「遅くなってごめんなさい」のように理由を表す
「〜して＝ので」や、「行って」「来て」「立って」「歩いて」のような「自動詞＋し
て」に、この아서/어서がよく用いられます。

❷22課で習った고（〜して）とは、使い分けが必要です。

練習3 例のように与えられた2つのフレーズを使って、「〜くて／なので〜できませんでした」という1つの文にしましょう。

㉞ 배가 아프다 (お腹が痛い) + 학교에 가다 (学校に行く)

→ (배가 **아파서** 학교에 **못 갔어요.**)

① 맛이 없다 (おいしくない) + 먹다 (食べる)

→ (　　　　　　　　　　　　　　　　　　　　　　　)

② 피곤하다 (疲れている) + 공부하다 (勉強する)

→ (　　　　　　　　　　　　　　　　　　　　　　　)

③ 숙제가 많다 (宿題が多い) + 놀다 (遊ぶ)

→ (　　　　　　　　　　　　　　　　　　　　　　　)

④ 너무 바쁘다 (すごく忙しい) + 만나다 (会う)

→ (　　　　　　　　　　　　　　　　　　　　　　　)

⑤ 걱정이 되다 (心配になる) + 잠을 자다 (眠る)

→ (　　　　　　　　　　　　　　　　　　　　　　　)

練習4 だれが空港までジェームス氏を迎えに行くかを話し合っています。音声を聞いて結局だれが行くことになったか、その名前を選びましょう。 ◀ **113**

☐ 공항 空港　　　　☐ 일 仕事　　　　☐ 운전 運転　　　☐ -지요 〜ね、でしょ
☐ 하지만 けれども　　☐ 하나도 ひとつも、全然　　　☐ 영어 英語
☐ 잘하다 上手だ　　　☐ 자신 自信　　☐ 부탁하다 お願いする　　　☐ 안내 案内
☐ 잘 ちゃんと、うまく

a. 현우 (　　　)　　　b. 민수 (　　　)

c. 지은 (　　　)　　　d. 유진 (　　　)

付　　録

Ⅰ. 濃音化

　日本語の音の感覚として、小さい「っ」の後ろに濁音が来るのを避けようとします。それで「ベッド」「バッグ」「バッジ」のような外来語を「ベット」「バック」「バッチ」と言ってしまう人が大勢いるわけですが、これと似た現象が韓国語にもあります。

　第4課で紹介したように、韓国語でも「っ」パッチムのすぐ後ろに来たㄱ, ㄷ, ㅂ, ㅈは濁らせずに発音します。これは正確に言うと、すぐ後ろの子音を**濃音化**して発音しています。

　「っ」の仲間-k, -p, -tパッチムの直後に来るㄱ, ㄷ, ㅂ, ㅈそしてㅅは濃音で発音されるのです。

$$\boxed{\text{-k, -p, -t パッチム}} + ㄱ, ㄷ, ㅂ, ㅈ, ㅅ$$

$$\Rightarrow /ㄲ/, /ㄸ/, /ㅃ/, /ㅉ/, /ㅆ/$$

⑳ 식당（食堂）[식땅]　　　맛보다（味見する）[맏뽀다]　　　십삼（13）[십쌈]

Ⅱ. 激音と濃音のパッチム

　激音の子音字もパッチムとして用いられます。発音は対をなす平音の音と同じです（例：악と앜、압と앞は同じ発音）。ただし、ㅎパッチムはㄷパッチムと同じ発音になります（ㅎに関するいくつかの音の法則は次のⅢ「ㅎの発音」の項を参照してください）。

/-k/（ㄱパッチムの仲間）	/-p/（ㅂパッチムの仲間）	/-t/（ㄷパッチムの仲間）					
ㄱ, ㅋ	ㅂ, ㅍ	ㄷ,	ㅌ,	ㅈ,	ㅊ,	ㅅ,	ㅎ

　また、濃音の子音字のうちㄲとㅆもパッチムとして用いられます。ㄲパッチムはㄱパッチムと同じ発音、ㅆパッチムはㅅパッチムと（すなわちㄷパッチムとも）同じ発音です。パッチムになりうるすべての子音字を整理すると下のようになります。

/-k/（ㄱパッチムの仲間）	/-p/（ㅂパッチムの仲間）	/-t/（ㄷパッチムの仲間）					
ㄱ, ㅋ, ㄲ	ㅂ, ㅍ	ㄷ,	ㅌ,	ㅈ,	ㅊ,	ㅅ, ㅆ,	ㅎ

Ⅲ. ㅎの発音

ㅎは他の子音と連続した際、音の変化を引き起こします。その変化を大きく分けると「激音化」と「ㅎの弱化」の２つです。ㅎが激音をペアに持つ子音グループと接触すると激音化を起こし、激音のペアが無い鼻音ㄴ, ㅁ, ㅇやㄹと接触するとㅎの弱化を引き起こします。

（1）激音化

　　① -k, -p, -tパッチム＋ㅎ ➡ /ㅋ/, /ㅍ/, /ㅌ/

　　　例 특히（特に）[트키]　　집하고（家と）[지파고]　　못하다（できない）[모타다]

　　② ㅎパッチム＋平音 ➡ 激音

　　　例 넣다（入れる）[너타]　　놓고（置いて）[노코]　　좋지（良いよ）[조치]

（2）ㅎの弱化

　　　ㄴ, ㅁ, ㅇ, ㄹパッチム＋ㅎ ➡ ㅎはほとんど消えて連音化

　　　例 전화（電話）[저놔]　　열심히（一生懸命）[열씨미]　　일하다（働く）[이라다]

　　ㅎはほとんど聞こえなくなるほど弱化するので、ハングルの発音表記にあるように連音化した発音になります。

Ⅳ. 母音２について

（1）ㅐとㅔ

　　もともとㅐは口の開きの大きな「エ」の発音で、ㅔとは音が区別されていましたが、だんだんその区別がなくなってきました。ただし、綴りの上でㅐとㅔのどちらを用いるかは単語によって決まっています。日本語のエ段の音や、英語の/e/の発音の表記にはㅔが使われます（例：센다이「仙台」、인터넷「インターネット」）。日本語で/ai/の音を含む読みの漢字は、韓国語ではㅐの母音に対応していることが多いです（例：애「愛」、내「内」、대「大、台」、매「毎」など）。

（2）ㅒとㅖ

　　ㅒも本来はㅖより口の開きが大きい「イェ」でしたが、区別がなくなりつつあります。
　　ㅒの含まれる単語は非常に限られています（例：얘「この子」、얘기「話」）。またㅖは、ㅇ, ㄴ, ㅅと組み合わせた예「イェ」、녜「ニェ」、셰「シェ」を除いて、계「ケ」、례「レ」、혜「ヘ」のように/ye/ではなく/e/と発音します。ちなみに、韓国人の名前で「へ」の音が入っていたら、「혜」と綴ることが多いです（例：ヘリ＝혜리、ヘジン＝혜진、ヘソン＝혜선）。

（3）ㅢの発音

　ㅢは語中では「イ」と発音します。子音＋ㅢの場合は常に、킈/キ/、늬/ニ/、희/ヒ/というように ㅢを「イ」で発音します。ちなみに、名前に「ヒ」の音が入っていたら、たいてい「히」ではなくて「희」と綴ります（例：ヒチョル＝희철、テヒ＝태희）

（4）三つの「ウェ」について

　3つの「ウェ」は、単語によって ㅙ, ㅞ, ㅚ のうちどの「ウェ」を使うかは綴り上決まっています。ㅙを含む単語は非常に限られています（例：왜「なぜ」、돼지「豚」）。ㅞは外来語の表記によく用いられています。また、ㅚは漢字語によく現れます（例：외「外」、죄「罪」、회「会」）。

Ⅴ．합니다体と해요体のニュアンス

　9課で이다・아니다の합니다体と해요体を紹介したときに、ふたつの文体の違いをこう説明しました。『どちらも日本語で言うと「です・ます体」に当たる丁寧な文体ですが、합니다体の方がフォーマルでかしこまった文体です』と。逆に해요体は、かしこまった합니다体に比べてくだけた、柔らかい雰囲気を持つと言われています。

　その雰囲気の違いが実感できるよう、またどうやってふたつの文体を使い分ければいいかの手がかりになるよう、同じ文例の2パターンを紹介します。

합니다体の雰囲気

> 先週韓国に行ってきました。
> 今回は3日間の短い旅行でした。
> けれども、久しぶりに向こうの友人たちとも会えました。
> 短いけれども、充実した3日間でした。

해요体の雰囲気

> 先週韓国に行ってきました(*^ ^*)
> 今回は3日間の短い旅行でした ッ
> けれども、久しぶりに向こうの友人たちとも会えました♥♥
> 短いけれども、充実した3日間でした(^o^)ノ ≒

どうでしょうか？

　同じ内容、同じ「です・ます体」ですが、受ける印象は違いますよね。

　この文がメールの文面だとすれば、送る相手によってどっちを選ぶかも違ってくると思います。選択の仕方を間違えれば、馴れ馴れしいと思われたり、逆に堅苦しいと思われたりするかもしれません。

　합니다体と해요体の使い分けもそれに似ています。

Ⅵ. 「下」と「中」

（1）밑と아래

　「下」を意味する位置名詞が밑と아래の2つあります。どちらを使ってもいいケースが多いのですが、年齢や建物の階のように階層がある場合の「下」には아래を用います。たとえば、「机の下」は밑と아래のどちらも使えますが、「下の階」「3歳下」には아래を使います。

（2）안と속

　「中」を意味する位置名詞も안と속の2つありますが、外部に対してどのくらいオープンかによってどちらを使うかを選びます。簡単には内部が見えない「頭の中」「海の中」の「中」には속、開け閉めできるような「かばんの中」「冷蔵庫の中」の「中」には안と속の両方、人が出入りできるくらい広い「学校の中」「バスの中」には안を使います。

Ⅶ. 複パッチムの発音

　パッチムに子音が2つ用いられることがありますが、これを**複パッチム**と言います。複パッチムの発音はその組み合わせによって、どちらの子音が発音されるかが決まっています。複パッチムの後のㄱ, ㄷ, ㅈは濃音化しますが、ㅎを含むㄶ、ㅀは後ろの子音を激音化します。

複パッチム	読む方の文字	例		例の発音
ㄳ	ㄱ	넋	（魂）	[넉]
ㄵ	ㄴ	앉다	（座る）	[안따]
ㄶ	ㄴ	많다	（多い）	[만타]
ㄺ	ㄱ	읽다	（読む）	[익따]
ㄻ	ㅁ	옮다	（移る）	[옴따]
ㄼ	ㄹ	넓다	（広い）	[널따]

ㄿ	ㅍ	읊다 (吟じる)	[읍따]
ㅀ	ㄹ	잃다 (失う)	[일타]
ㄾ	ㄹ	핥다 (なめる)	[할따]
ㅄ	ㅂ	없다 (無い)	[업따]

複パッチムの連音化

複パッチムが連音化する場合には、左の子音をパッチムとして読み、右の子音は連音化させて読みます。

앉아요 [안자요]

넓어요 [널버요]

없어요 [업써요] (連音化するとㅂパッチムの後のㅅは濃音化する。「濃音化」を参照)

ただし、ㅎを含む複パッチム（ㅀ、ㅀ）の場合は、ㅎが連音化で音が消えてしまうため、さらに左の子音が連音化することになります。

앉아요 [아나요]

잃어요 [이러요]

Ⅷ. 文字の順序

辞書をひくときには、文字が並ぶ順序を知らないと手際よく知りたい単語にたどりつくことができません。まず子音を辞書の順に並べるとこうなります。

ㄱ ㄲ ㄴ ㄷ ㄸ ㄹ ㅁ ㅂ ㅃ ㅅ ㅆ ㅇ ㅈ ㅉ ㅊ ㅋ ㅌ ㅍ ㅎ

濃音は必ずペアになる平音の直後に来るので、特に順を覚えなくてもわかります。濃音を外して、子音の順序を覚えましょう。読みやすいよう母音ㅏをつけて、覚えるまで何度も声に出して読んでみましょう。

가 나 다 라 마 바 사 아 자 차 카 타 파 하

㉠ 자리 (席) → 짜리 (〜ウォン札) → 차 (車)

頭の子音が同じときには、次に母音の順序を考えます。母音の順序は1課で習ったとおりです。

ㅏ　ㅑ　ㅓ　ㅕ　ㅗ　ㅛ　ㅜ　ㅠ　ㅡ　ㅣ

　㊐이마（おでこ）→ 이모（おばさん）→ 이미（すでに）

　子音＋母音が同じときには、次にパッチムの順序を考えます。パッチムの順序は子音の順序で並んでいます。

　㊐반（半分）→ 발（足）→ 방（部屋）

「母音2」で出てきた母音の順序は、どの母音とどの母音が組み合わさっているかを考えれば順序がわかります。たとえば、ㅝはㅜ＋ㅓの組み合わせなのでㅜの後に来ます。ㅝの後にはㅜ＋ㅓ＋ㅣでできたㅞ、さらにㅞの後にはㅜ＋ㅣのㅟが来ることになります。
すべての母音字を辞書で出てくる順に並べるとこうなります。

ㅏ　ㅐ　ㅑ　ㅒ　ㅓ　ㅔ　ㅕ　ㅖ　ㅗ　ㅘ　ㅙ　ㅚ　ㅛ　ㅜ　ㅝ　ㅞ　ㅟ　ㅠ　ㅡ　ㅢ　ㅣ

Ⅸ．キーボードの文字配列

（Windowsの標準的なキーボードの例ですが、基本的なキーの位置はMacでも同じ。）

① シフトキーの使い方　上の段の文字はシフトキーを押してからそのキーを押すと表示されます。
② 組み合わせの母音は、それを構成する2つの母音に分けてキーを押すと表示されます。

　（㊐：ㅗ＋ㅏ→ㅘ、ㅜ＋ㅔ→ㅞ）

単語集（日－韓）

*行末の数字は初出の課

あ

ああ	어	1
間	사이	11
会う	만나다	15
（「～に会う」は		
를/을 만나다）		
空き部屋	빈방	11
足	발	4
味	맛	4
明日	내일	16
あそこ	저기	8
遊ぶ	놀다	23
頭	머리	2
あの	저	8
あのう	저기	8
あまり	별로	17
雨	비	15
アメリカ	미국	4
あら	어머	20
洗う	씻다	15
ありがとう	고마워요	5
ありがとうございます		
감사합니다		5
ある	있다	11
あれ	저것	8
案内	안내	26
いいえ	아니요	2
いいですね	좋아요	6
言う	말하다	20
家	집	4
意外	의외	19
行く	가다	15
いくら	얼마	14
行こう	가자	3
医者	의사	7
椅子	의자	12
忙しい	바쁘다	24
痛い	아프다	24
1	일	13
一度	한번	22
1，2回	한두 번	18
一日	하루	15
1度や2度	한두 번	18
市場	시장	8
一番	제일	10

一万ウォン札	만원짜리	12
いつ	언제	13
いっしょに	같이	15
五つ	다섯	12
いない	없다	11
犬（子犬）	강아지	11
今	지금	14
意味	뜻	25
妹	동생	12
いらっしゃいませ		
어서 오세요		14
いらっしゃる	계시다	20
入り口	입구	10
ある	있다	11
仁寺洞	인사동	4
インターネット		
인터넷		19
上	위	11
ウォン	원	7
後ろ	뒤	11
歌	노래	10
うちの	우리	8
海	바다	3
うん	어	1
	음	26
運転	운전	26
運動	운동	17
映画	영화	18
英語	영어	10
ええと	글쎄（요）	10
駅	역	16
お会いできてうれしいです		
만나서 반갑습니		
다		8
おい	야	1
おいしいです	맛있어요	6
おいしくない	맛이 없다	26
終える	다 하다	25
多い	많다	15
大家	주인	18
お母さん	어머니	2
お菓子	과자	7
お金	돈	9
お客	손님	18
起きる	일어나다	19
送ってあげる	데려다주다	21
遅れる	늦다	21
お小遣い	용돈	23
おごる	사다	18
お酒	술	26
教える	가르치다	25

おじいさん	할아버지	12
おじさん	아저씨	6
遅い	늦다	21
お疲れ様でした		
수고하셨습니다		2
おっしゃる	말씀하시다	20
お父さん	아버지	3
弟	동생	12
男の子	남자애	19
男の人	남자	4
お腹が空いている		
고프다		24
お亡くなりになる		
돌아가시다		20
お名前	성함	20
お兄さん（妹から見た）		
오빠		6
お兄さん（弟から見た）		
형		16
お姉さん（弟から見た）		
누나		9
お姉さん（妹から見た）		
언니		9
お願いする	부탁하다	26
おばあさん	할머니	8
おばさん	아줌마	11
（아주머니のくだ		
けた言い方）		
お見合いデート		
소개팅		23
面白い	재미있다	22
面白くない	재미없다	23
主に	주로	3
お休みになる	주무시다	20
降りる	내리다	22
音楽	음악	15
オンドル部屋	온돌방	11
女の人	여자	9

か

～が	가/이	8
～が	지만	23
カード	카드	5
～回	번	12
（固有数詞と共に）		
～階	층	13
会社	회사	7
会社員	회사원	20
会食	회식	26

日本語	韓国語	
さしあげましょうか	드릴까요?	14
寒い	춥다	23
さようなら	안녕히 가세요	2
	(どこかに去る人に向かって)	
	안녕히 계세요	2
	(その場にとどまる人に向かって)	
さらに	더	24
三	삼	13
～さん	씨	7
三十	서른	12
～時	시	12
CD	시디	10
ジーンズ	청바지	22
時間	시간	16
試験	시험	18
仕事	일	26
辞書	사전	8
自信	자신	11
下	밑	11
	아래	11
知っている	알다	16
～して	아서/어서	26
～してみる	아/어 보다	24
市内	시내	21
～しない	안	17
	지 않다	17
しばらく	잠깐	22
じゃ	그럼	13
ジャージャー麺	짜장면	6
写真	사진	10
シャワーする	씻다	15
十	십	13
10月	시월	13
習慣	습관	25
塾	학원	18
宿題	숙제	15
主人	주인	18
準備	준비	18
紹介する	소개하다	23
小学校	초등학교	19
上手だ	잘하다	26
ショー	쇼	24
職員	직원	9
食事	식사	4
食事後	식사후	15
食堂	식당	11
しょっちゅう	자주	19
知らない	모르다	16
しんどい	힘들다	22
心配になる	걱정이 되다	26
新聞	신문	16
ずいぶん	많이	15
スーパーマーケット	마트	25
好きだ	좋다	15
	좋아하다	15
	(『～が好きだ』は、～를/을 좋아하다)	
すぐに	바로	15
すごく	너무	2
少しの間	잠깐	22
ずっと	훨씬	16
素敵だ	멋있다	24
すでに	벌써	23
スプーン	숟가락	12
スポーツ	운동	17
ズボン	바지	8
すまない	미안하다	18
すみません	미안해요	4
住む	살다	15
する	하다	10
座る	앉다	14
性格	성격	23
背が高い	키가 크다	17
背が低い	키가 작다	17
セット	세트	7
ぜひ	꼭	24
ゼロ	공	13
千	천	14
先生	선생님	1
全然	전혀	25
全然	하나도	17
先輩	선배	13
全部	다	10
	모두	14
そう	그렇게	22
掃除	청소	25
そうです(か)	그래요	18
そうですか	그렇습니까?	8
そうですね	글쎄(요)	10
ソウル	서울	16
そこ	거기	8
そして	그리고	12
外	밖	11
その	그	8
その通りです	맞아요	9
そのように	그렇게	22
それ	그것	8
それから	그리고	12
それでも	그래도	21
そろそろ	슬슬	25
そんな	그런	8

た

日本語	韓国語	
～だ	이다	8
～たい	싶다	22
	(고 싶다の形で使う)	
ダイエット	다이어트	17
大学生	대학생	9
(値段が)高い	비싸다	14
だから	그래서	19
	그러니까	26
たくさん	많이	19
タクシー	택시	21
だけ	만	26
出す	내다	25
尋ねる	물어보다	19
～たち	들	16
立つ	서다	18
食べ物	음식	9
食べる	먹다	15
たまに	가끔	15
だめだ	안 되다	5
だれ	누구	3
だれが	누가	10
誕生日	생일	10
単なる	그냥	10
単に	그냥	10
小さい	작다	23
チーム	팀	5
地下	지하	13
違う	아니다	9
地下鉄	지하철	20
地図	지도	3
チケット	표	12
中国	중국	9
(時刻が)ちょうど	정각	14
ちょっと	좀	14
使う	쓰다	23
疲れている	피곤하다	26
月	달	12
次	다음	19
机	책상	11
作る	만들다	18

著者紹介
河村光雅（かわむら みつまさ）
　京都大学大学院修士課程修了
　京都外国語専門学校専任講師
　関西学院大学、同志社大学非常勤講師
　主要著書
　『絵で学ぶ韓国語文法　初級のおさらい、中級へのステップアップ』（共著）
　『しっかり身につく韓国語トレーニングブック』（共著）
　『韓国語　似ている動詞使い分けブック』（共著）ほか

韓国語ポイント 50　改訂版

　　　　　　　　　　　　　　2020 年 2 月 10 日　第 1 刷発行
　　　　　　　　　　　　　　2023 年 3 月 10 日　第 2 刷発行

　　　　　　　　著　者 ©　河　村　光　雅
　　　　　　　　発行者　　岩　堀　雅　己
　　　　　　　　組版所　　Ｐ　ワ　ー　ド
　　　　　　　　印刷所　　株 式 会 社 三 秀 舎
発行所　101-0052 東京都千代田区神田小川町 3 の 24
　　　　電話 03-3291-7811（営業部）, 7821（編集部）　株式会社 白水社
　　　　www.hakusuisha.co.jp
　　　　乱丁・落丁本は、送料小社負担にてお取り替えいたします。

振替 00190-5-33228　　　　Printed in Japan　　　　株式会社島崎製本

ISBN　978-4-560-01796-8

パスポート朝鮮語小辞典 ◎朝和＋和朝◎

塚本 勲 監修／熊谷明泰 責任編集／白岩美穂, 黄鎮杰, 金年泉 編

◇朝和＋和朝でハンディサイズ！　◇韓国の標準語に準拠　◇大きな
文字で見やすい版面　◇朝和は 23000 語, 全見出し語にカタカナ発音
◇和朝は 6000 語, 生きた例文が豊富　◇ジャンル別単語・会話集付
（2色刷）B 小型　640 頁　定価 2860 円（本体 2600 円）

韓国語プラクティス100
増田忠幸 著
100 の練習で, 気持ちをつたえることが自
然にできるようになるためのメソッド.
A5判 150頁 定価 2420 円（本体 2200 円）【CD2枚付】

改訂版　韓国語文法ドリル
◎初級から中級への 1000 題
須賀井義教 著
ハン検 5 ～ 3 級の文法事項のおさらい,
弱点強化に. 文法問題を強化した改訂版.
B5判 175頁 定価 2200 円（本体 2000 円）

絵で学ぶ韓国語文法 [新版]
◎初級のおさらい、中級へのステップアップ
金京子, 河村光雅 著
絵を使った解説でわかりやすい！　音声
無料ダウンロード有り.（2色刷）
A5判 282頁 定価 2530 円（本体 2300 円）

絵で学ぶ中級韓国語文法
金京子, 河村光雅 著　　　　　　[新版]
絵を用いた簡潔な解説と豊富な練習問題
で着実に中級の実力を養成. 音声無料ダ
ウンロード有り.　　　　　（2色刷）
A5判 308頁 定価 2860 円（本体 2600 円）

絵で学ぶ 上級への韓国語文法
金京子, 河村光雅 著
上級への足場を固める, 84 の絵を使った
丁寧な文法解説.　　　　　（2色刷）
A5判 292頁 定価 3080 円（本体 2800 円）

絵でわかる韓国語のオノマトペ
◎表現が広がる擬声語・擬態語
辛昭静 著
にぎやかな音のニュアンスを楽しく学ぼ
う. 音声無料ダウンロード有り.
四六判 150頁 定価 2420 円（本体 2200 円）

絵でわかる韓国語の体の 慣用表現
辛昭静 著
身近な体を表す語を使って表現の幅を広
げる.
四六判 210頁 定価 2420 円（本体 2200 円）

Eメールの韓国語
白宣基, 金南听 著
ハングルの入力方法から, 様々な場面にお
ける文例と関連表現まで.
A5判 185頁 定価 2090 円（本体 1900 円）

韓国語発音クリニック [新版]
前田真彦 著
初級者にも中級者にも目からウロコの特
効薬が満載！ 音声無料ダウンロード有り.
A5判 161頁 定価 2200 円（本体 2000 円）

通訳メソッドできたえる 中級韓国語
前田真彦 著
コミュニケーションの力を着実にアップ！
音声無料ダウンロード有り.　【CD付】
A5判 167頁 定価 2640 円（本体 2400 円）

韓国語 まる覚えキーフレーズ40
張銀英 著　　　　　　　　　　【CD付】
キーフレーズのまる覚えではじめる会話練
習. 音声アプリ有り.（2色刷）
四六判 119頁 定価 2090 円（本体 1900 円）

韓国語形容詞強化ハンドブック
今井久美雄 著
韓国語の形容詞のすべてがここに. 音声無
料ダウンロード有り.
四六判 287頁 定価 2860 円（本体 2600 円）

ステップアップのための 韓国語基本文型トレーニング
チョ・ヒチョル, チョン・ソヒ 著
基礎を固め中級へアップ.（2色刷）
A5判 176頁 定価 2420 円（本体 2200 円）

中級韓国語単語練習帳
◎ハン検 3 級準 2 級 TOPIK 中級
金京子, 神農朋子 著
待望の中級編！ 2880 語収録. 音声無料
ダウンロード有り.
四六判 374頁 定価 2860 円（本体 2600 円）

韓国語能力試験 TOPIK II作文対策講座
吉川寿子, キム・テウン 著
対策が難しい作文を, 親身な指導で得点
源に！
A5判 167頁 定価 2310 円（本体 2100 円）

重版にあたり, 価格が変更になることがありますので, ご了承ください.

カナダラ表

母音 / 子音	①ㅏ a	②ㅑ ja	③ㅓ ɔ	④ㅕ jɔ	⑤ㅗ o	⑥ㅛ jo	⑦ㅜ u	⑧ㅠ ju	⑨ㅡ ɯ	⑩ㅣ i	⑪ㅐ ɛ	⑫ㅔ e
①ㄱ k/g	가 [ka] カ	갸 [kja] キャ	거 [kɔ] コ	겨 [kjɔ] キョ	고 [ko] コ	교 [kjo] キョ	구 [ku] ク	규 [kju] キュ	그 [kɯ] ク	기 [ki] キ	개 [kɛ] ケ	게 [ke] ケ
②ㄴ n	나 [na] ナ	냐 [nja] ニャ	너 [nɔ] ノ	녀 [njɔ] ニョ	노 [no] ノ	뇨 [njo] ニョ	누 [nu] ヌ	뉴 [nju] ニュ	느 [nɯ] ヌ	니 [ni] ニ	내 [nɛ] ネ	네 [ne] ネ
③ㄷ t/d	다 [ta] タ	댜 [tja] ティヤ	더 [tɔ] ト	뎌 [tjɔ] ティョ	도 [to] ト	됴 [tjo] ティョ	두 [tu] トゥ	듀 [tju] ティユ	드 [tɯ] トゥ	디 [ti] ティ	대 [tɛ] テ	데 [te] テ
④ㄹ r/l	라 [ra] ラ	랴 [rja] リャ	러 [rɔ] ロ	려 [rjɔ] リョ	로 [ro] ロ	료 [rjo] リョ	루 [ru] ル	류 [rju] リュ	르 [rɯ] ル	리 [ri] リ	래 [rɛ] レ	레 [re] レ
⑤ㅁ m	마 [ma] マ	먀 [mja] ミャ	머 [mɔ] モ	며 [mjɔ] ミョ	모 [mo] モ	묘 [mjo] ミョ	무 [mu] ム	뮤 [mju] ミュ	므 [mɯ] ム	미 [mi] ミ	매 [mɛ] メ	메 [me] メ
⑥ㅂ p/b	바 [pa] パ	뱌 [pja] ピャ	버 [pɔ] ポ	벼 [pjɔ] ピョ	보 [po] ポ	뵤 [pjo] ピョ	부 [pu] プ	뷰 [pju] ピュ	브 [pɯ] プ	비 [pi] ピ	배 [pɛ] ペ	베 [pe] ペ
⑦ㅅ s/ʃ	사 [sa] サ	샤 [ʃa] シャ	서 [sɔ] ソ	셔 [ʃɔ] ショ	소 [so] ソ	쇼 [ʃo] ショ	수 [su] ス	슈 [ʃu] シュ	스 [sɯ] ス	시 [ʃi] シ	새 [sɛ] セ	세 [se] セ
⑧ㅇ 無音/ŋ	아 [a] ア	야 [ja] ヤ	어 [ɔ] オ	여 [jɔ] ヨ	오 [o] オ	요 [jo] ヨ	우 [u] ウ	유 [ju] ユ	으 [ɯ] ウ	이 [i] イ	애 [ɛ] エ	에 [e] エ
⑨ㅈ tʃ/dʒ	자 [tʃa] チャ	쟈 [tʃa] チャ	저 [tʃɔ] チョ	져 [tʃɔ] チョ	조 [tʃo] チョ	죠 [tʃo] チョ	주 [tʃu] チュ	쥬 [tʃu] チュ	즈 [tʃɯ] チュ	지 [tʃi] チ	재 [tʃɛ] チェ	제 [tʃe] チェ
⑩ㅊ tʃʰ	차 [tʃʰa] チャ	챠 [tʃʰa] チャ	처 [tʃʰɔ] チョ	쳐 [tʃʰɔ] チョ	초 [tʃʰo] チョ	쵸 [tʃʰo] チョ	추 [tʃʰu] チュ	츄 [tʃʰu] チュ	츠 [tʃʰɯ] チュ	치 [tʃʰi] チ	채 [tʃʰɛ] チェ	체 [tʃʰe] チェ
⑪ㅋ kʰ	카 [kʰa] カ	캬 [kʰja] キャ	커 [kʰɔ] コ	켜 [kʰjɔ] キョ	코 [kʰo] コ	쿄 [kʰjo] キョ	쿠 [kʰu] ク	큐 [kʰju] キュ	크 [kʰɯ] ク	키 [kʰi] キ	캐 [kʰɛ] ケ	케 [kʰe] ケ
⑫ㅌ tʰ	타 [tʰa] タ	탸 [tʰja] ティヤ	터 [tʰɔ] ト	텨 [tʰjɔ] ティョ	토 [tʰo] ト	툐 [tʰjo] ティョ	투 [tʰu] トゥ	튜 [tʰju] ティユ	트 [tʰɯ] トゥ	티 [tʰi] ティ	태 [tʰɛ] テ	테 [tʰe] テ
⑬ㅍ pʰ	파 [pʰa] パ	퍄 [pʰja] ピャ	퍼 [pʰɔ] ポ	펴 [pʰjɔ] ピョ	포 [pʰo] ポ	표 [pʰjo] ピョ	푸 [pʰu] プ	퓨 [pʰju] ピュ	프 [pʰɯ] プ	피 [pʰi] ピ	패 [pʰɛ] ペ	페 [pʰe] ペ
⑭ㅎ h	하 [ha] ハ	햐 [hja] ヒャ	허 [hɔ] ホ	혀 [hjɔ] ヒョ	호 [ho] ホ	효 [hjo] ヒョ	후 [hu] フ	휴 [hju] ヒュ	흐 [hɯ] フ	히 [hi] ヒ	해 [hɛ] ヘ	헤 [he] ヘ

全ての組み合わせを網羅しているわけではありません.